中高生アスリートを応援！

# パフォーマンスがアップする ラクうま部活弁当

田澤 梓／栄養監修
ほりえ さちこ／著

ナツメ社

Prologue

# 中高生の部活を応援している<br>お母さん&お父さんへ。<br>体づくり、成長期に必要な<br>栄養満点弁当を作ってみませんか？

スポーツでよいパフォーマンスをしたい！ そんなときに日々のトレーニングと同じくらい大切なのは食事。健康で丈夫な体があってこそ、部活に打ち込むことができますよね。でも、毎日のお弁当で細かい栄養計算をするのは大変。私自身も、息子が園児のときからサッカーをはじめたので、中学、高校では放課後の部活での運動量を考えたお弁当作りの日々です。とは言え、毎日のお弁当なのでそれほど気合いも入れず、時間もかけられず…ですが、しっかりたんぱく質、しっかり炭水化物、そしてほどよく野菜のおかずやフルーツ、という定番スタイルを心がけて作っています。

この本では、前日仕込んでおけば翌日すぐ完成するもの、朝、時間がない方には作りおきおかず、忙しい朝でもすぐできるおかず、というように大きく３つに分けて紹介していますので、自分の生活スタイルに合わせて作ってみてください。もちろん、食べてみたい気になるレシピから選んでもOKです。そして、運動の種類別に考えたお弁当や試合前、試合当日、試合後などシチュエーションに合わせたお弁当も紹介しているので、おかずの組み合わせとして参考にしてもらえるかと思います。さらに、寒い日にうれしいスープジャーのお弁当や、試合の合間や練習直後に食べたい補食のレシピなど、盛りだくさんのアイデアをこの一冊に詰め込みました。子どもたちが、お弁当で今日もおいしくパワーチャージできますように。ファイト！！

ほりえさちこ

しっかり食べて
がんばれ！

# content



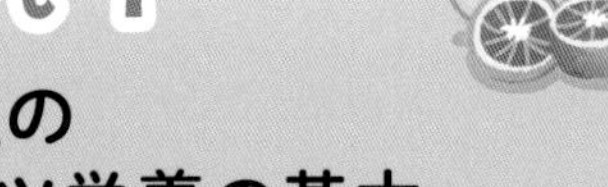

## Part 1
## 中高生のスポーツ栄養の基本



## Part 2
## スポーツ&男子・女子別！人気の基本部活弁当

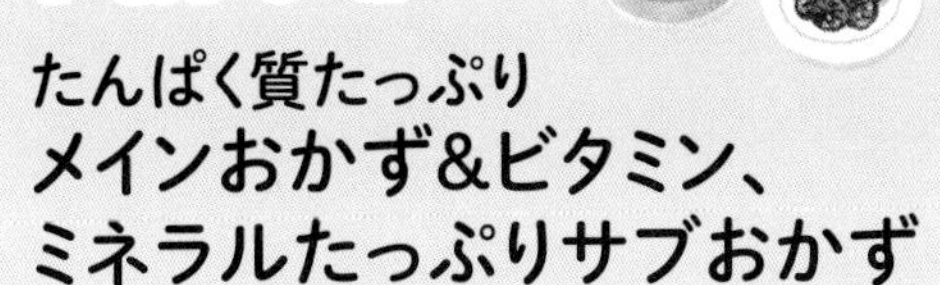

## Part 3
## たんぱく質たっぷり メインおかず&ビタミン、ミネラルたっぷりサブおかず

## Part 4
## 1食で栄養満点！1品完結！主食レシピ

## Part 5
## 中高生の目的別部活弁当

# 部活を頑張る中高生の栄養と食事がわかる！ この本の特徴

部活を頑張る子どもをサポートするために、大切な栄養や食事のこと、
お弁当の基本、競技別、目的別のお弁当のことなど、情報が満載！

## 男子＆女子 部活弁当の基本から競技種目別 人気の部活弁当を紹介！

中高生になると、体格など男女で差が出てくるので、正しく知りたい栄養のこと。男子＆女子別に基本の部活弁当や、競技別におすすめの部活弁当を紹介。お弁当ごとに栄養memoも充実。

持久力系スポーツ　持久力&筋力系　筋力系スポーツ

お弁当1食分のエネルギー量、たんぱく質など栄養価を表示

お弁当ごとにポイントがわかる栄養memo

お弁当が手軽に作れるラクテク

目的別に合わせた食事Point

具体的に食べ方や栄養のPointも解説

## 目的に合わせた栄養&食事のことを丁寧に解説。お弁当例も紹介

試合前日、当日、リカバリー、ケガをしたとき、貧血のとき、増量したいとき、減量したいときなど、目的別の栄養&食事のポイントとお弁当例を紹介。

## 時短できて朝ラクできる！ 夜仕込み 作りおき 朝すぐでき おかずを豊富に紹介！

栄養とエネルギーがしっかり摂れるお弁当こそ、ラクに作りたいもの。食材別に夜仕込み、作りおき、朝すぐできの3つに分けて、毎朝のお弁当作りがラクになるレシピを紹介しています。

夜仕込み

お弁当の組み合わせがわかるサブおかず

調理のコツや栄養のことがわかるPoint

作りおき

冷蔵&冷凍の保存期間がひと目でわかる

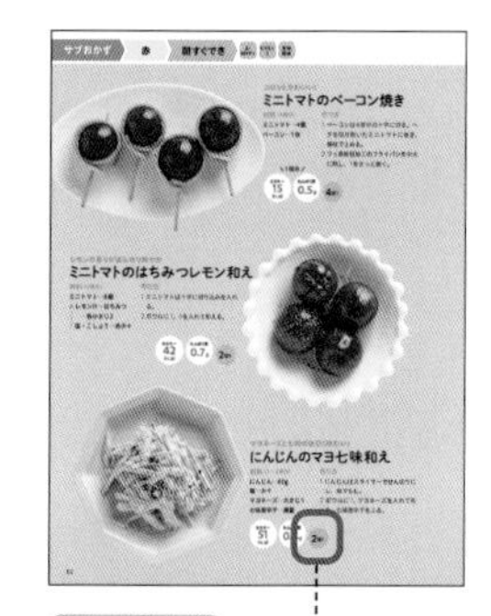


朝すぐでき

朝から作った場合の調理時間を紹介

## この本の使い方

- 材料は中学生(12～14歳)、高校生(15～17歳)の1～2食分または3～4食分を基本にしています。レシピによっては、作りやすい分量などもあります。
- 栄養価は1食分です。1～2食分の場合は2食分、3～4食分の場合は4食分として計算しています。お弁当のごはんの量は、男子340g、女子270gとして計算しています。
- 計量単位は大さじ1=15㎖、小さじ1=5㎖としています。
- 電子レンジは600Wを基本としています。500Wの場合は加熱時間を1.2倍にしてください。
- 「少々」は小さじ⅙未満を、「適量」はちょうどよい量を、「適宜」は好みで必要があれば入れることを示します。
- 調理時間は、漬ける、ねかせる時間以外の調理にかかる時間を示しています。
- 保存期間は目安です。冷蔵・冷凍庫内の冷気の循環状態、開け閉めする頻度などにより、おいしく食べられる期間に差が出る可能性があります。
- 野菜類はとくに記載のない場合、皮をむくなどの下処理を済ませてからの手順を説明しています。
- 保存の際には、食品の粗熱をしっかりと取り、清潔な箸や容器を使ってください。

Part1

# 中高生のスポーツ栄養の基本

部活が始まってから、気になるのが栄養と食事のこと。
成長期だからこそ、どのぐらいのエネルギーや栄養が必要になるのか、
運動量によって何が変わるのなど、しっかりと理解を深めましょう。

# 体づくり・成長期のための食事の役割を考えてみましょう

「○○を食べたら、背が伸びる」「△△をとれば、筋力がつく」という話をよく耳にしますが、このようなことができるのは、薬であって食品ではありません。食事の役割を今一度、確認しましょう。

## 食事の一番の目的はエネルギーと栄養素の摂取

私たち人間は、食べる、摂取することでしか、運動と生活するためのエネルギーや、体を構成する栄養素を取り入れることができません。すなわち、食事の一番の目的は、エネルギーと栄養素の摂取です。人が健康に生きていくためには「栄養」「運動」「休養」が必要と言われていますが、ここで示す「栄養」とは、食事の第一の目的であるエネルギーと栄養素の補給のことです。では、エネルギーと栄養素を補給すると、体はどのようになるのでしょうか？

## 毎日の新陳代謝にもエネルギーが必要

私たちの体は、毎日、新陳代謝を繰り返しています。新陳代謝とは、古くなった細胞を壊し、新しい細胞を作ること。その作業が毎日、体の中で行われています。スマートフォンで例えると、機能が少し壊れたり、調子が悪くなると修理しますが、その修理の際に必要になるのが、直す作業のための動力源（エネルギー）と材料です。また、スマートフォンは充電をしないと作動させることができません。この電気の充電の役割も、人ではエネルギーのことを指します。

## 基礎体力を十分につけて競技力の向上に

運動をするためには、人が生きていくために必要なエネルギーと、運動するためのエネルギー、そして運動によって使われた箇所を修復するためのエネルギーが必要です。これらは人の基礎体力を支えるものです。基礎体力がベースにきちんとある上でスポーツの技術や戦術を練習し、身につけ、結果としてパフォーマンスの向上へとつながっていきます。つまり、基礎体力を十分につけておくことが競技力の向上につながるのです。

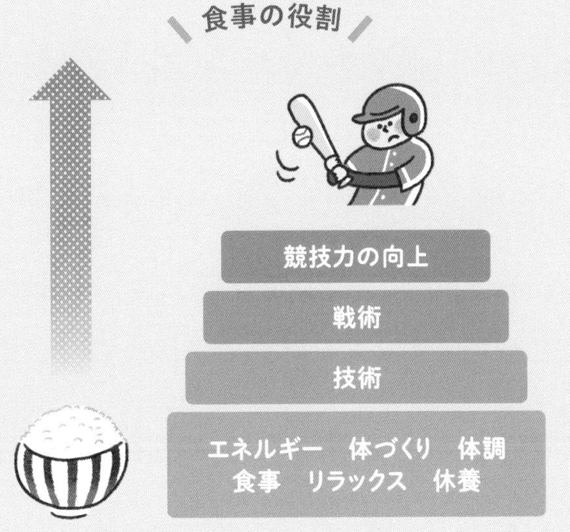


## 新陳代謝をスムーズに行うためにバランスよく食べる

新陳代謝をスムーズに行うためには、修復するためのエネルギーと材料(栄養素)が必要です。この材料(栄養素)が足りないと、すべてを修復することができません。食事を食べなかったり、少量しか摂取しない場合など、全く栄養素が補給されないときでも、一部は修復される場合もありますが、栄養素の補給が継続されない場合は、欠乏症になったり、完全な修復ができなくなります。

逆に、糖質や脂質、たんぱく質など、エネルギー源となるものが余剰にある場合は、脂肪として蓄積されますし、ビタミン・ミネラルなどの栄養素が余剰にある場合は、体外へ排出されたり、そのまま余剰分が体内に蓄積されたりすれば過剰症になります。また、体外へ排出するためにも、エネルギーや栄養素を使うので、せっかく摂取したエネルギーや栄養素を無駄に使うことになります。栄養素は、あくまでも、適正量の範囲で継続して摂取していくことが大切です。

### 体の中で起きていること

規則正しい食事で、バランスよく適量を3食+補食でとっていると、エネルギー、栄養素が補われ、新陳代謝がスムーズに行われます。

回復や修復のための材料(栄養素)が足りなければ、少ない材料に合わせて体を作ってしまうため、必要なエネルギー、栄養素を補うことができません。

材料(栄養素)を急に多くしても、体が今、必要としていなければ、摂取した分を有効に活用することはできません。余った材料は、体に蓄積されたり、排出されたりし、そのためにもエネルギーや栄養素を消費することになります。

# 中高生に必要なエネルギーと栄養のこと

子どもは小さな大人ではないので、年齢や性別、成長による増加分や、
練習内容によってどれくらい食べたらよいかが異なります。チェックしてみましょう。

## 身体活動レベルによって必要なエネルギー量が変わります

育ち盛りの中高生の子どもたちのエネルギー適正量は日本人の食事摂取基準（2020年版）を参考にします（図　日本人の食事摂取基準（2020年版）　推定エネルギー必要量（kcal/日））。年齢別、性別で記載されており、普段特別な運動をしていない場合は、身体活動レベルII、1日に2～3時間の運動をしている場合はIIIの列を確認します。中学生（12歳～14歳）、高校生（15～17歳）のIIIの推定エネルギー必要量を確認してみると、その保護者世代の20代、30代のIIのエネルギー量よりも約1.2～1.5倍のエネルギー量が必要ということがわかります。

日本人の食事摂取基準（2020年版）
推定エネルギー必要量（kcal/日）

| | 男性 | | | 女性 | | |
|---|---|---|---|---|---|---|
| 身体活動レベル | I | II | III | I | II | III |
| 12～14（歳） | 2,300 | 2,600 | 2,900 | 2,150 | 2,400 | 2,700 |
| 15～17（歳） | 2,500 | 2,800 | 3,150 | 2,050 | 2,300 | 2,550 |
| 18～29（歳） | 2,300 | 2,650 | 3,050 | 1,700 | 2,000 | 2,300 |
| 30～49（歳） | 2,300 | 2,700 | 3,050 | 1,750 | 2,050 | 2,350 |

## エネルギー源になるのは炭水化物・脂質・たんぱく質

主なエネルギー源として使われるのが、炭水化物と脂質。これらが不足しているときに、たんぱく質がエネルギーとして使われます。ですから、たんぱく質を中心とした食事をし、筋力トレーニングなどの運動をしても、エネルギー源として糖質や脂質が存在しないと、たんぱく質を分解してエネルギーを作ってしまうため、筋肉を増やすことはできません。また、よく炭水化物（糖質）を制限して、脂質だけを燃焼させたいという要望もありますが、脂質をエネルギーとして使用するためにも、糖質の存在は不可欠です。そして、そのエネルギーをスムーズに作って活用するために、体の調子をととのえるビタミン・ミネラルが必要になります。

栄養素の働きとその食品

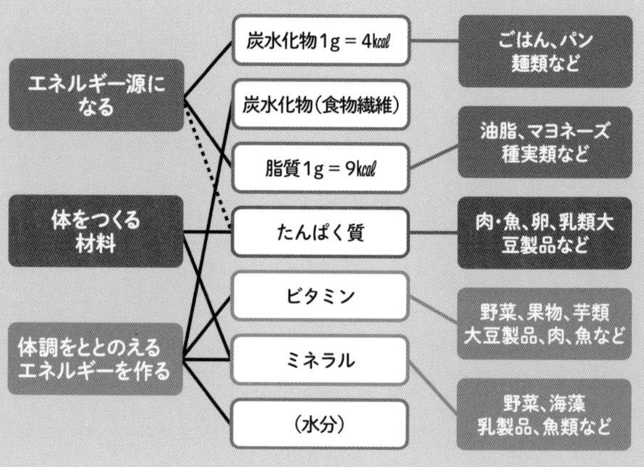

## それぞれの栄養素の働きを理解しましょう

たんぱく質、脂質は体を構成する成分になる働きもあります。たんぱく質は筋肉だけでなく、髪の毛、皮膚、内臓、血管、血液、骨、酵素、ホルモン……とあらゆる体の構成成分です。そして、とかく悪者にされがちな脂質も、細胞膜やホルモンなど、体を構成し、維持するためには必要不可欠な栄養素になります。脂質が減少(体脂肪率が極端に少ない状態)する状態が続くと、風邪を引きやすくなったり、内出血をおこしやすくなったり、月経不順になったりと体の不調を招きます。

## エネルギー比率で栄養素のバランスを考えてみましょう

1日に摂取するエネルギーのうち、約55～60％を炭水化物から、15～20％たんぱく質から、25％～30％を脂質から摂取します。試合が近くなったり、強度の高い運動をしたりするときなどは糖質のエネルギー比率を高くし、脂質を控える、また筋トレなど筋肉を増やす運動をしているときはたんぱく質の比率をあげるなど、運動の目的に合わせて調整が必要です。そして、体の調子をととのえる働きをするのはビタミン・ミネラルです。特にエネルギー源栄養素(炭水化物、脂質、たんぱく質)をエネルギー源に変えるときに必要となるビタミンB群は、摂取エネルギー量が多くなるのにあわせて、摂取量を多くしていく必要があります。また骨作りにはビタミンD、Kが使用されます。

**日本人の食事摂取基準(2020年版)**

| 推定エネルギー必要量 | 3000kcal | 2500kcal |
|---|---|---|
| たんぱく質(g) | 97.5～150 | 81.3～125g |
| (エネルギー比率) | (13～20％) | (13～20％) |
| 脂質(g) | 66.7～100 | 55.6～83.3 |
| (エネルギー比率) | (20～30％) | (20～30％) |
| 炭水化物(g) | 375～487.5 | 312.5～406.3 |
| (エネルギー比率) | (50～65％) | (50～65％) |
| カルシウム(mg) | 1000(12歳～14歳男子) 800(12歳～14歳女子) | |
| (推奨量) | 800(15歳～17歳男子) 650(15歳～17歳女子) | |
| 鉄(mg) | 12(12歳～17歳男子) | |
| (推奨量) | 10.2～12(12歳～17歳女子) 12.6～14.4(月経あり) | |
| ビタミンA(μgRE) | 800(12歳～14歳男子) 700(12歳～14歳女子) | |
| (推奨量) | 900(15歳～17歳男子) 650(15歳～17歳女子) | |
| ビタミンB1(μgRE)(推奨量) | 1.6 | 1.4 |
| (0.45mg／1000kcal×1.2) | | |
| ビタミンB2(mg)(推量量) | 1.6 | 1.4 |
| (0.45mg／1000kcal×1.2) | | |
| ビタミンC(mg)(推奨量) | 100(15歳～17歳男子・女子) | |

＊この本では高校生男子3000kcalを主とし、女子の場合は80％減、中学生の場合は90％減で考える

# 運動量によって食事はどのぐらいとればいい?

練習の内容や、時間によって消費するエネルギー量が異なります。
体重の増減をみながら、消費したエネルギー量に見合ったエネルギーを補いましょう。

## まずは運動時のエネルギー消費量を求めてみましょう

エネルギー摂取量は、生きるために必要最低限のエネルギー（基礎代謝）と、食事を消化吸収するときに必要なエネルギー（食事誘発性熱産生）、日常生活や運動で体を動かすことによって高まるエネルギー（活動時代謝）、そして中高生は発育・発達するための成長のためのエネルギーが必要です。
運動時のエネルギー消費量は、運動の種類、強度、時間、運動する人の体重によって変わります。運動強度の単位はメッツ（METs）と示され、安静時（静かに座っている状態）を1とした時と比較して何倍のエネルギーを消費するかで活動の強度を示します。 運動の単位×運動時間×体重×1.05でエネルギー消費量を把握することができます。

例えば…

## 体重50kgの人が1時間歩行すると

普通歩行は3メッツなので、3（メッツ）×1（時間）×50（体重kg）×1.05＝約158kcalとなります。このエネルギー消費量には安静時の代謝量（1メッツ）も含まれているため、純粋に運動だけで消費したエネルギーを把握する場合には安静時代謝量の1メッツを引いて計算します。すなわち、2（3メッツー1メッツ）×50（体重kg）×1.05＝約105kcalとなります。

**活動のMETs表（例）**

|  |  |
|---|---|
| 2メッツ | ゆっくりとした歩行（家の中） |
| 3メッツ | 普通歩行（67m/分） |
| 4メッツ | 階段をゆっくり上る |
| 4.5メッツ | テニス |
| 5メッツ | かなり速歩（93m/分）、野球、ソフトボール |
| 6メッツ | ジョギング、ゆっくりした水泳 |
| 7メッツ | ジョギング、サッカー |
| 8メッツ | サイクリング（20km/時） |

引用：国立健康・栄養研究所　改訂版『身体活動のメッツ（METs）表』2012

## 1日に摂取する食材量を確認しましょう

必要な栄養素を補う食事をするためには、どんな食品をどれくらいとるとよいか把握しておくと、献立や調理に活用できます。毎食「主食・主菜・副菜・乳製品・果物」の中から、それぞれ食品を選ぶようにし、組み合わせれば食事の栄養バランスがよくなります。

**1日に摂取する食材量**（エネルギー別3000kcal,2500kcal、何をどれくらい食べるか）

| | エネルギー（kcal） | 3000（高校生男子） | 2500（中学生男女・高校生女子） |
|---|---|---|---|
| 主食 | 穀類(g) | 440 | 350 |
| 主菜 | 魚介類(g) | 90 | 70 |
| | 肉類(g) | 110 | 80 |
| | 卵(g) | 50 | 50 |
| | 大豆・大豆製品(g) | 100 | 100 |
| 副菜 | 緑黄色野菜(g) | 150 | 150 |
| | その他野菜(g) | 250 | 250 |
| | きのこ類(g) | 20 | 20 |
| | 芋類(g) | 100 | 100 |
| | 小魚(g) | 5 | 5 |
| 乳製品 | 牛乳・乳製品(g) | 600 | 500 |
| 果物 | 果物類(g) | 200 | 200 |
| 調味料 | 砂糖(g) | 15 | 10 |
| | 油脂類(g) | 30 | 20 |

引用：シダックス(株)総合研究所　食べて強くなる献立とおかず　主婦の友社　2004

## エネルギー配合は、朝食：昼食：夕食：補食=3：3：3：1が目安

1日のエネルギーの配合は、朝食：昼食：夕食：補食で3：3：3：1が目安です。3食で足りないエネルギーや栄養素を補食で補います。朝食があまり食べられない、食欲がない場合などは、午前と午後に2回補食を取り入れたり、朝食で食べきれなかった分を補食として活用しましょう。トレーニングの時間や内容によってエネルギー消費量は変化しますし、必要な栄養素も変わりますので、数字通りにきっちりと食べなくてはいけない…と考える必要はありませんが、欠食したり、食事内容に偏りが出たりすることのないように心がけましょう。

# 期分けごとに強化したい栄養素をおぼえましょう

日々の体調管理や、筋肉を増やす、もしくは維持するなど、トレーニングの目的に合わせて、エネルギー比率や強化したい栄養素が変わります。 それぞれの期分けのポイントを確認しましょう。

トレーニング期

## 基礎体力と競技力向上を目的として栄養をとる

トレーニング期は、基礎体力をつけるため、走り込みや筋力トレーニングをする時期です。筋肉をつけるためにはたんぱく質が必要ですが、たんぱく質だけ補給しても筋肉はつきません。筋肉を作るために必要なエネルギーの補給、エネルギーを生みだす代謝をスムーズに行うビタミンB群、けがや故障・貧血を起こさずにトレーニングを行える体のためにビタミンC、カルシウム、鉄の摂取を強化します。

競技力向上のためのトレーニング期は、技術練習や戦術練習を中心に行う時期です。脳のエネルギーとなる炭水化物を補給し、集中力を途切れさせないこと、運動で使った筋肉のエネルギーを補給するために炭水化物を補給します。ビタミンB群、C、鉄は、基礎体力向上期と同様に摂取を強化します。

基礎体力向上

栄養計画

筋肉をつける

栄養素の増減

たんぱく質↑

ビタミンB群↑

鉄↑

ビタミンC↑

カルシウム↑

競技力向上

栄養計画

エネルギー補給・疲労の回復

栄養素の増減

炭水化物↑

たんぱく質↑

鉄↑

ビタミンB群↑

ビタミンC↑

試合期

## 筋肉のエネルギー源となる炭水化物と、ストレスを緩和するビタミンCを摂取

試合期は、競技や年齢によってかなり期間が異なり、毎週試合がある場合や、1年のうちの数回だけ、試合期となる場合があります。どのような期間であっても、試合の前の時期はエネルギーが十分に体に満たされていることが大切なので、筋肉のエネルギー源である炭水化物を多くした高炭水化物食にします。試合ではいつもと違う雰囲気や時間帯での運動となるため、緊張したり、ストレスを感じたりすることも多くなります。それを緩和するため、また試合期に風邪を引いたりしないように、ビタミンCの補給も大切です。

体調維持

栄養計画

**体調維持・エネルギーの蓄積**
**疲労回復**

栄養素の増減

炭水化物↑　ビタミンB群↑
ビタミンC↑　鉄↑

オフ期

## 体重管理がポイント。運動量、活動量に見合った食事を

オフ期は試合がなく、自主練習をするなど、いつもとは運動量や運動強度が異なるので、それに合わせて食事量を調整します。普段から、体を大きくしたいと食事量を多くしている選手は、オフ期は運動量が変化することで食欲が減り、体重が落ちてしまう場合や、逆に普段から減量に取り組んでいて、食事制限をしている選手は、オフ期に食べ過ぎてしまうことがあります。毎日、決まった時間(理想は起床時排尿後)に体重や体脂肪率などの体組成を測定し、運動量、活動量に見合った食事ができているか確認することが大切です。

体重管理

栄養計画

**除脂肪体重*の維持**

＊除脂肪体重とは、体重から脂肪量を除いた筋肉、骨、血液の重さなどのこと。

栄養素の増減

脂肪↓　ビタミンA↑
ビタミンC↑　カルシウム↑　鉄↑

# 試合前日・当日・試合後の食事のこと

試合の日だからと特別な食事、食べ慣れない食事を食べるのはNG。
いつもどおりの実力を発揮できるように、安心して食べられる食事をとって、エネルギーチャージをしましょう。

試合前日

## エネルギーが十分に満ち足りている状態を作ること

試合前の食事管理で大切なことは、エネルギーが十分に体内に満ち足りている状態をつくることと、腹痛など、食事に関係するリスクをなるべく少なくしておくことです。

筋肉や脳のエネルギー源は糖質なので、炭水化物の補給が大切です。試合3日前くらいから運動量を調整して少なくし、炭水化物のエネルギー比率70％の食事、もしくは、36時間から48時間前から､炭水化物を1日に10～12g/体重kg（例：体重50kgの人なら、500～600g）を摂取する食事にすることで、筋肉と肝臓の糖質（グリコーゲン）を通常の倍以上蓄えることができます。特にサッカーや陸上長距離など、90分以上の運動時間がある競技では、グリコーゲンを多く貯めておく（グリコーゲンローディング）ことは有効です。ただし、糖質は体内では水分（糖質1gにつき3gの水分）といっしょに保存されるため、体重が増えやすくなります。そのため、レスリングなどの体重階級制競技や、減量をしている選手は、体重管理に注意しながら炭水化物を補給しましょう。

### グリコーゲンローディングメニュー例

**試合前日の晩ごはん**

・ごはん
・たらの西京焼き
・肉じゃが
・豚肉のビーフン炒め
・小松菜ごま和え
・みそ汁
・フルーツ

**試合当日の朝ごはん**

・ごはん
・にゅうめん
・鮭の塩焼き
・かぼちゃの煮物
・ほうれん草とコーンのソテー

**試合当日の昼・補食**

・おにぎり
・ジャムサンド
・カステラ
・ミニあんぱん
・オレンジジュース
・フルーツ

試合当日

## いつも通りの食べ慣れた食事をとりましょう

試合の日は、いつもと違う場所、練習相手で緊張し、食事の消化吸収も悪くなります。そのため、食事のリスクとなることはできるだけ避けて、勝つためにとんかつを食べるなど、特別な食事をとるのでなく、いつも通りの食べ慣れた食事をとることを心がけるのがよいでしょう。

食事に関するリスクとは、腹痛などの消化不良や下痢・嘔吐症状です。それらを避けるためには試合期間中の食事では①食品の衛生管理に気をつける②消化に時間のかかるものを避ける③食べる時間を考慮するということがあげられます。

### ①食品の衛生管理

生もの(刺身、生卵、生肉)は食べない、十分に加熱されているものを摂取する。長時間常温放置されているものは避ける。食べかけ、飲みかけたのものを口にしない。食事前の手洗い、うがいを徹底、調理者も調理前の手洗いを徹底して行うなどがあげられます。

### ②消化に時間のかかるものを避ける

揚げ物や中華料理などの油をつかった料理は、消化に時間がかかるので避けます。脂の多い食品をとらないことも重要です。ベーコンやデニッシュ系のパンなども要注意。食物繊維の多い食品(きのこ、海草、さつまいもなど)はガスが発生しやすいので避けましょう。おにぎりののりは、食べてから動いても問題なければ、それほど神経質になる必要はありません。

### ③食べる時間を考慮する

運動直前に食べるのではなく、試合時間や回数に合わせ、消化吸収にかかる時間を考慮しながら、食事時間を決めます。通常の食事は、消化吸収するために試合の2～3時間前までに食事は済ます。また、食事がとれない場合、おにぎりやバナナ、エネルギーゼリーなどの補食を用意し、エネルギー切れが起こらないようにします。

**食事・補食のスケジュール例**

❶試合と試合の時間が短い場合　❷食事と試合の時間が十分に確保できる場合　❸試合開始時間が早い場合

| | 5-6時 | 7時 | 8時 | 9時 | 10時 | 11時 | 12時 | 13時 | 14時 | 15時 | 16時 | 17時 | 18時 | 19時 |
|---|---|---|---|---|---|---|---|---|---|---|---|---|---|---|
| ❶ | | 朝食 | | | 試合 | | 補食 | 試合 | | 補食 | 試合 | 補食 | | 夕食 |
| ❷ | | 朝食 | | | 補食 | 試合 | | 昼食 | | | 補食 | 試合 | | 夕食 |
| ❸ | 朝食 | | 試合 | 補食 | | 昼食・補食 | | 試合 | 補食 | | | | | 夕食 |

試合後

## エネルギー補給を意識して食事や補食で補いましょう

試合では緊張したり、移動したりすることで運動量以上にエネルギーを消耗しています。使用したエネルギーを補給し、次の試合や、練習に向けて体力を回復させましょう。運動後1時間以内にエネルギー補給ができる場合は食事で補給を、できない場合は、補食を活用します。エネルギー補給の基本は糖質です。糖質をエネルギーに変えるのを助けるビタミンB群や抗酸化作用のあるビタミンCも補給します。また、水分の補給も忘れずに。

# 大切な水分補給と補食のこと

汗で失った水分はこまめに補給しましょう。水分はのどの乾きだけではなく、体を正常に保ち、
疲労回復のためにも必要です。エネルギーの補給も運動後などは補食で補い、回復を促しましょう。

水分補給のこと❶

## 3つの水分の働きと適切な水分補給

体内で体重の約60％存在する水分には、３つの働きがあります。１つ目は、代謝のために栄養素などの物質を体液に溶かす作用。2つ目は、代謝によってつくられた老廃物や細胞・ホルモンを運搬する作用。3つ目は、体温調整作用です。これは、運動をして、筋肉の収縮やエネルギー産生のために発生した熱を、汗をかいたり、体表面の血管を太くして血流量を増やし、熱を放散しやすくする作用です。熱がスムーズに体外へ逃せないと、熱中症や、体調不良を起こします。

また、体内の水分が体重の2％以上減少すると、パフォーマンス低下を引き起こすと言われています。運動の前後で体重を測定し、増減を確認することが重要です。例えば体重50kgの選手なら、練習前後で体重が1kg減少すると、2％の脱水がおきていることになります。体重測定は、時々測定するよりも、定期的に測定して、気温や湿度、運動強度や運動時間などによって、体重がどのように変化するか、個別に把握しておくことが大切です。同じような条件のときに、減ってしまう体重の分は、最低限、水分を準備できるようになることが理想です。

### 水分損失率と現れる脱水諸症状の関係

| 水分損失率 | 症状例 |
|---|---|
| 1% | 大量の発汗、のどの渇き |
| 2% | 強い渇き、めまい、吐き気、<br>ぼんやりする、重苦しい、食欲減退<br>血液濃縮、尿量減少、血液濃度上昇 |
| 3% | ３％を超えると、汗が出なくなる |
| 4% | 全身脱力感、動きの鈍り、皮膚の紅潮化、<br>イライラする、疲労及び嗜眠、感情鈍麻、<br>吐き気、感情の不安定（精神不安定）、無関心 |

＊脱水症状は、小児の場合で５％ほど不足すると起こり、成人では2~4％

### 成人における水分の出納量

| 摂取量（mℓ） | | 排泄量（mℓ） | |
|---|---|---|---|
| 食事摂取量 | 1000 | 尿 | 1300 |
| 飲み物 | 1200 | 大便 | 200 |
| 代謝水 | 300 | 不感蒸泄 | 1000 |
| 合計 | 2500 | 合計 | 2500 |

出典：小林修平、樋口満編著「アスリートのための栄養・食事ガイド」
公益財団法人日本スポーツ協会監修　第一出版　P83 2006

水分補給のこと❷

## スポーツドリンクや食事からも補給を

水分補給するときは、水だけでなく、スポーツドリンクなどの補給がおすすめです。スポーツドリンクは、だいたい塩分0.1～0.2％で、糖質6～8％含むものが多くなっています。これは水分が体内に素早く吸収されるように、またエネルギー補給ができるように工夫されています。また、みそ汁やスープ類はもちろん、あんかけ類やおかゆ、シチューなど、水分を多く含むメニューを食事やお弁当に取り入れるのもおすすめです。スープジャーを活用してもよいでしょう。

### 手作りスポーツドリンクのすすめ

1Lの熱湯に塩小さじ1/3・砂糖大さじ3～4・レモン汁大さじ2を加えるだけで完成します。スポーツドリンクの甘さが気になり、飲みづらいという選手にもおすすめです。市販のスポーツドリンクを薄めて飲むことはおすすめしていません。薄くなり、濃度が変わってしまうと吸収率に影響するためです。

補食のこと

## 必要なエネルギーや栄養素を補う食事

スポーツ選手は、必要とするエネルギーや栄養素量が多く、朝、昼、夕の3食だけで必要量を満たすことが難しい場合があります。また、給食などで食べる量を調整することが難しかったり、練習時間によって食べる量を調整しながら食べなくてはならない場合もあります。そのようなときは補食を活用して、必要なエネルギーと栄養素を補います。補食はスナック菓子や清涼飲料水ではなく、エネルギー源となる炭水化物や、体をつくるたんぱく質、体調をととのえるビタミン、ミネラルの含まれるものがおすすめです。食事と食事の時間が長く空いてしまう場合には、事前に補食を用意しておき、空腹のまま運動したり、空腹で過ごすことのないように心がけましょう。スポーツ選手にとっての補食は、コンディションを維持する上で、トレーニングと同様に重要です。

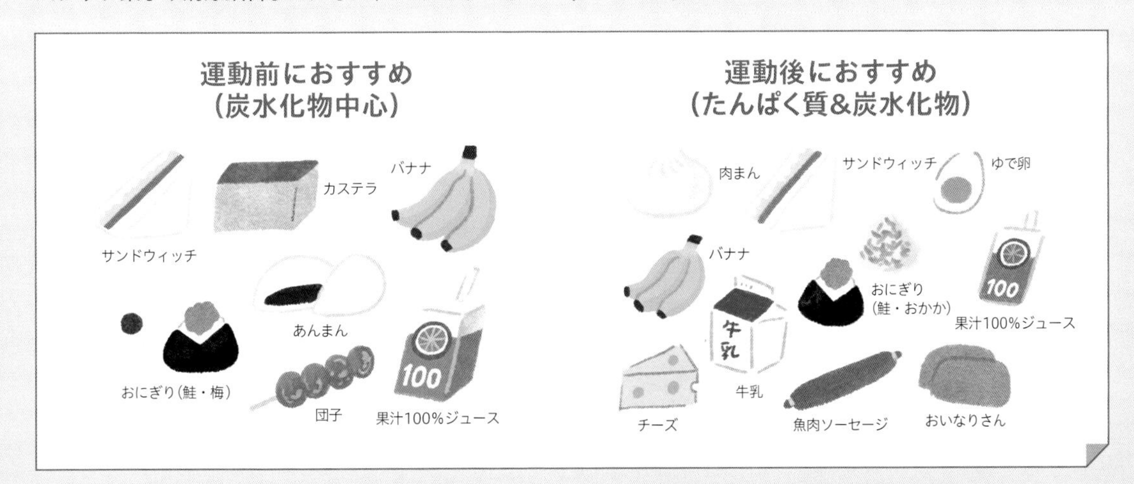

# 体格の変化と成長曲線のこと

身長・体重の変化は個人差があります。そのため、定期的に測定し、経過をみていくことが大切です。現在の状態を把握して運動量や食事量を調整していきましょう。

## 成長期に成長することの大切さを理解しましょう

子どもの成長が正常かどうかは、成長曲線と照らし合わせて確認します。曲線を横切ったり、短期間で線から外れたりしている場合は、エネルギーが不足していると考えられるので、注意が必要です。

また、身長の伸びが止まっても、体重が増える時期があるのは当たり前のことです。その間に骨の中身が強くなり、内臓や筋肉も大人と同じように機能できるように、発育・発達しています。ですので、身長の伸びが止まったとしても、体重が増えること、体組成や体型の変化があることは当たり前のことですし、正常な発達ができていると考えましょう。

成長期は一時的なものなので、この時期に骨や内臓の発育・発達が行われないと、あとから成長することはできませんし、一生涯の体をとても脆弱なものにしてしまいます。それは、選手生命を短くするだけでなく、選手の一生の健康、人生を左右するものにもなってしまいます。一時的に体重が増えたからといって、減量やダイエットはせずに、運動量と成長に見合った食事をしていくことが大切です。

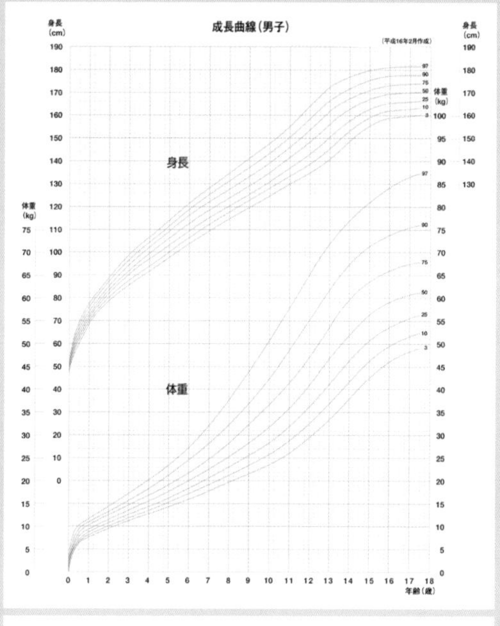


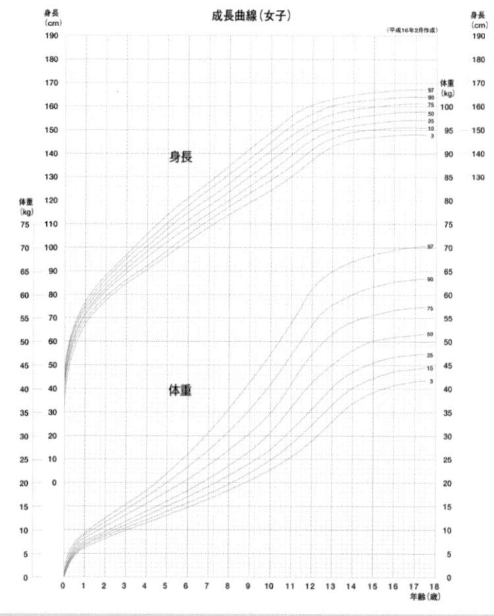


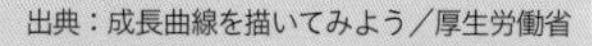
出典：成長曲線を描いてみよう／厚生労働省

# Part2

# スポーツ&男子・女子別！
# 人気の基本部活弁当

スポーツが違えば、必要な栄養も異なってきます。
まずは基本弁当で炭水化物やたんぱく質のバランスを確認してから、
おかずを入れ替えたり、子どもに合った分量に合わせていきましょう。

部活弁当の基本をおさえよう！

# お弁当箱のサイズとレイアウトのこと

中高生の栄養と食事のことが理解できたら、おぼえておきたいお弁当の基本のこと。
まずは、お弁当箱のサイズと主食、主菜、副菜のバランスをおぼえるところからスタートしましょう。

## 男子弁当 約1000kcal

スポーツ系の部活に励む中高生の男子の１日のエネルギー量を3000kcalと設定すると、お弁当のカロリーは約1,000kcal。主食、主菜でエネルギーを蓄えましょう。

主食：主菜：副菜は、２：１：１の割合が男女ともにベスト。高校生男子の主食は約340gが基本です。主菜は肉類、魚介類、卵、大豆・大豆製品をたっぷりと。副菜も緑黄色野菜、きのこ類などを意識して栄養バランスをととのえましょう。

### 色合いを考えると栄養バランスアップ

お弁当の場合、色合いも考慮すると、栄養価をあげることにつながります。赤なら、ミニトマト、にんじん、パプリカ、黄なら、卵やかぼちゃ、コーンなど、緑なら、青菜類（ほうれん草、小松菜）、アスパラガス、ピーマン、ブロッコリーなど、茶・黒なら、海藻、きのこ、なす、ごぼうなど、白なら、大根、カリフラワー、じゃがいも、かぶなどがあり、バランスよく詰めることで栄養バランスがととのいます。

## お弁当の容量（㎖）はおおよそのエネルギー量（㎉）と同じ

お弁当の容量（㎖）はおおよそエネルギー量（㎉）と同じと言われています。1000㎖のお弁当であれば約1000㎉ということです。エネルギーバランスで考えると、½をごはん、残りのうちの半分が主菜、もう半分を副菜という量になります。主食と主菜、副菜をバランスよく組み合わせ、幕の内弁当スタイルを意識するとよいでしょう。おかずがあっさりしているときは、ごはんにのりをのせたり、ふりかけやごま、ゆかりをかけるなど、ごはんのお供があると、食が進みます。また桜えびや昆布の佃煮、大根の葉としらすの炒め物などは、カルシウムや鉄などミネラルの補給のためにもおすすめです。

## 女子弁当 約800㎉

スポーツ系の部活に励む女子の１日のエネルギー量を2500㎉と設定すると、お弁当のカロリーは約800㎉。貧血を起こしやすいのでたんぱく質と鉄分を意識しましょう。

主食：主菜：副菜は、活動量の多い部活の場合、男女ともに３：２：１の割合もおすすめ。高校生女子の主食は約270g。エネルギー量に合わせた主食をしっかりととってエネルギーを蓄えましょう。

## 果物と乳製品は別容器に入れて

アスリートの食事で、バランスよい食事を考えるときに毎食抑えたいポイントは、主食、主菜、副菜2皿、牛乳・乳製品、果物という６つの組み合わせ。主食、主菜、副菜はお弁当に詰めて、果物は別容器に入れ、牛乳またはヨーグルトなどの乳製品をいっしょに持たせてあげましょう。最近では、コンビニでカットフルーツも売られているので、牛乳やヨーグルトといっしょに買うように促すのもおすすめです。

# 競技種目別 部活弁当 栄養のポイント

**部活で最大のパフォーマンスができるように、コンディションを上げるためにも、競技種目別で大切になってくる栄養のこと。それぞれの特徴を抑えましょう。**

## どんな体づくりを していきたいかが重要。 その上で、スポーツ別に 強化したい栄養素を意識して

競技によって求められる体格や体組成が異なりますので、目標や競技種目別に強化して欲しいエネルギーや栄養素があります。ただし、どの競技でも、年齢、性別、運動内容、強度、時間、期分けによって、必要なエネルギーと栄養素は変化します。また、特に成長期は、競技に特化した体格や体組成を目指す前に、発育発達が正常に行われる体づくりを意識して、エネルギーと栄養素をとることが大切です。まずは基本の食事(主食・主菜・副菜・乳製品・果物)を摂取した上で、個別に、競技種目によってエネルギーや栄養素の過不足を調整していきます。

**持久系スポーツ** 陸上の中長距離走やマラソン、トライアスロンなど

## グリコーゲンの貯蔵のため、たっぷりの炭水化物を中心にビタミンB1、鉄を強化

運動が長時間に及ぶ持久系スポーツでは、エネルギー源となる炭水化物と、炭水化物をエネルギーに変える際に必要な酵素の補助をする物質(補酵素)としてビタミンB1が必要です。そして、炭水化物などのエネルギー源栄養素は、酸素と結合してエネルギーを産生すると、より多くのエネルギーを産生することができます。酸素を運ぶ役割を持つヘモグロビンの構成要素の鉄は日本人にとって不足しがちな栄養素。長時間動き続ける持久系スポーツでは、意識してとることが大切です。

**持久系+筋肉系スポーツ** テニス、バドミントン、サッカー、野球、ラグビー、バレーボール、バスケットボール、卓球、新体操、体操、レスリングなど

## パワーと瞬発力をつけ、長時間の運動に耐えられるよう、たんぱく質と炭水化物、ビタミンB6を意識して

持久的な運動と瞬発的な運動を繰り返すスポーツでは、パワーやスピードを生みだすための除脂肪体重(特に筋肉)の増加が大切です。筋肉の増加には、トレーニングをするとともに、エネルギー源栄養素である炭水化物の摂取が必要です。また筋肉の材料となるたんぱく質、たんぱく質が吸収されるように分解し、吸収された後で合成するのを助けるビタミンB6の摂取を意識するとよいでしょう。運動を長い時間継続するためにも酸素が多く必要になるので、鉄の摂取も欠かせません。

**筋肉系スポーツ** 陸上短距離、競泳短距離、相撲など

## 瞬発力とパワー、筋肉増大のためにたんぱく質とビタミンB群、ミネラルを強化して

筋肉系スポーツでは、筋肉増加＝たんぱく質が必要と思いがちですが、筋肉を増加させるためには、エネルギーが必要です。これは、筋肉を動かすためだけでなく、筋肉をつくるためにもエネルギーが使われるため。いくらたんぱく質を多くとっても、摂取エネルギーが消費エネルギーより少なければ、増量や筋肉量を増やすことは難しくなります。3食＋補食を活用して、摂取エネルギー量を増やし、偏りのない食事で、体づくりに必要なエネルギーと栄養素を継続して補給しましょう。

基本の部活弁当
男子

# タレ味の豚焼肉弁当

甘辛いタレをたっぷりからめた豚バラカルビで、ごはんもモリモリ食べられます。魚肉ソーセージと卵のダブルたんぱく質で、体づくりをサポート。

メインのおかず

## タレ味の豚焼肉

材料（1～2食分）

豚肉…150g
小麦粉…適量
A しょうゆ・みりん・酒…各大さじ1
砂糖・すりおろししょうが…各小さじ1
すりおろしにんにく…少々

作り方

1 豚肉に小麦粉をまぶす。
2 フッ素樹脂加工のフライパンを中火で熱し、1を焼く。混ぜ合わせたAを加え、豚肉にからめて軽く煮詰める。

サブのおかず

## 魚肉ソーセージ入り卵焼き

材料（1～2食分）

魚肉ソーセージ…1本
溶き卵…1個分
塩…少々
サラダ油…適量

作り方

1 ボウルに溶き卵、塩を入れて混ぜ合わせる。
2 卵焼き用フライパンにサラダ油を中火で熱し、1を半量流し入れる。フライパンの幅に合わせて切った魚肉ソーセージをのせ、端から巻く。
3 残りの1を加え、焼いて巻く。ラップに包んで粗熱をとり、落ち着いたら食べやすい大きさに切る。

サブのおかず

## ほうれん草とじゃこのソテー

材料（1～2食分）

ほうれん草
…100g（または冷凍ほうれん草50g）
バター…5g
ちりめんじゃこ…大さじ1
しょうゆ…小さじ½
塩・こしょう…各適量

作り方

1 ほうれん草は水でさっと洗い、ラップに包んで電子レンジで2分加熱する。水にとり、水けをしぼったら食べやすい大きさに切る。
2 フライパンにバターを中火で熱し、ちりめんじゃこをさっと炒め、1を加えて炒める。しょうゆ、塩、こしょうを加え、味をととのえる。

# 肉団子弁当

疲れたときでも食べやすい、一口サイズの肉団子。
ビタミンの豊富なブロッコリーとにんじんは、
栄養を逃さないようにレンチン調理で。

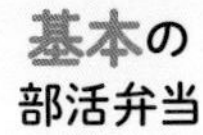

主食
ごはん・ふりかけ…各適量

## れんこんのトースター焼き

材料と作り方（1～2食分）

1 れんこん約2.5cm厚さは皮をむいて、7mm厚さに輪切りする。水にさらし、水けをきる。

2 オーブントースターの天板に1を並べ、オリーブ油適量を軽くかけ、塩・粗びき黒こしょう・粉チーズ各適量をふり、6～7分焼く。

**栄養POINT**

肉団子と卵焼きでたんぱく質をしっかりと。卵焼きには桜えびを加えてカルシウム補給を。ブロッコリーとにんじんでβ-カロテン、ビタミンCを、ごはんにふりかけをかけてミネラルを補給して。

カロリー 900kcal　たんぱく質 33.4g　炭水化物 124.0g

メインのおかず

## 肉団子

材料（1～2食分）

合いびき肉…150g

A 玉ねぎ（みじん切り）…⅛個分
　溶き卵…½個（残りは卵焼きに使う）
　パン粉…大さじ2
　塩・こしょう…各少々

揚げ油…適量

B しょうゆ・みりん・酒…各大さじ1
　砂糖…大さじ½
　水…大さじ2

水溶き片栗粉…小さじ1
（片栗粉小さじ1＋水大さじ1）

作り方

1 ボウルに合いびき肉、Aを入れてこね、8等分にして成形する。

2 フライパンに少なめの揚げ油を中火で熱し、1を揚げ焼きにし、油をきる。

3 フライパンにBを入れて中火にかけ、ふつふつしてきたら2を加え、水溶き片栗粉を加えてとろみをつける。

サブのおかず

## ブロッコリーとにんじんのレンジグラッセ

材料（1～2食分）

にんじん・ブロッコリー…各50g

バター…5g

砂糖…小さじ1

塩・こしょう…各適量

作り方

1 にんじんは皮をむいて7～8mm厚さに切り、ブロッコリーは小房に分ける。

2 耐熱容器にバター、砂糖、にんじんを入れてラップをかけ、電子レンジで1分加熱する。ブロッコリーを加えてさらに1分加熱し、塩、こしょうで味をととのえる。

サブのおかず

## 桜えびとねぎの卵焼き

材料（1～2食分）

溶き卵…1と½個分

A 白だし…小さじ1
　桜えび…2g
　小ねぎ（小口切り）…5～6本分

サラダ油…適量

作り方

1 ボウルに溶き卵、Aを入れて混ぜ合わせる。

2 卵焼き用フライパンにサラダ油を中火で熱し、1を厚焼き卵の要領で焼く。

**ラクテク**

肉団子で使った卵の残りは、桜えびとねぎの卵焼きに使うと、余ることなく使いきれて◎。

# 和風チキンバーグ弁当

腹持ちのよいもち米おにぎりに、たんぱく質の豊富な鶏肉を使ったハンバーグをメインのおかずに。

## 小松菜のごま和え

材料と作り方（1～2食分）

1 小松菜100gは塩ゆでし、水にとり水けをしぼり、3～4cm長さに切る。
2 ボウルに白すりごま大さじ1、砂糖・めんつゆ（3倍濃縮）各小さじ1を入れ、1を加えて和える。

主食

## もち米の焼きおにぎり（2個分）

材料と作り方

1 炊いたもち米340gにかつお節2g、しょうゆ小さじ2強を加えて混ぜ、握る。
2 オーブントースターの天板にアルミホイルをしき、サラダ油適量を薄くぬる。1を並べて5～6分焼く。

カロリー 1110 kcal　たんぱく質 38.1g　炭水化物 141.6g

**栄養POINT**

ローパワーでも長時間にわたって運動を続ける持久系では、グリコーゲンの貯蔵のため、糖質をしっかりとることが大切。腹持ちのよいもち米を主食にして、持久力アップにつなげましょう。

メインのおかず

## 和風チキンバーグ

材料（1～2食分）

鶏ひき肉…150g
A 玉ねぎ（みじん切り）…⅛個分
　溶き卵…½個（残りは卵焼きに使う）
　パン粉…大さじ3
　塩・こしょう…各少々
サラダ油…適量
ブロッコリー…4房
酒…大さじ1
めんつゆ（3倍濃縮）…小さじ2
バター…5g

作り方

1 ボウルにひき肉、Aを入れてこね、2等分にして成形する。
2 フライパンにサラダ油を中火で熱し、1を焼く。両面に焼き色がついたら、ブロッコリー、酒、めんつゆ、バターを加え、蓋をして蒸し焼きにし、なかに火を通す。

サブのおかず

## きのこマカロニ

材料（1～2食分）

マカロニ（乾燥）…30g
ベーコン…1枚
しめじ・まいたけ…合わせて80g
オリーブ油…小さじ1
めんつゆ（3倍濃縮）…小さじ2
塩・こしょう…各適量

作り方

1 マカロニは袋の表示通りに塩ゆでする。ベーコンは細切りにし、しめじ、まいたけは小房に分ける。
2 フライパンにオリーブ油を中火で熱し、ベーコン、しめじ、まいたけを炒める。
3 2にめんつゆを加えて軽く煮詰めたら、マカロニを加えて混ぜ、塩、こしょうで味をととのえる。

サブのおかず

## 甘い卵焼き

材料（1～2食分）

溶き卵…1と½個分
A 砂糖・水…各大さじ1
　白だし…小さじ1
サラダ油…適量

作り方

1 ボウルに溶き卵、Aを入れて混ぜ合わせる。
2 卵焼き用フライパンにサラダ油を中火で熱し、1を厚焼き卵の要領で焼き、食べやすい大きさに切る。

**ラクテク**

和風チキンバーグの肉だねは前日に仕込みを。マカロニも前日にゆでてオイルをからめておくと、翌日炒めるだけでラク。

# レバカツ弁当

持久系のスポーツでは、鉄分が不足しがち。
レバーやほうれん草でしっかり補いましょう。

持久系スポーツの
部活弁当

フリルレタス…適量

主食

## じゃこと青じその混ぜごはん

材料と作り方（1～2食分）
ボウルにごはん340gを入れ、ちぎった青じそ2枚、ちりめんじゃこ15g、昆布茶・白いりごま各小さじ1を加えて混ぜ、塩適量で味をととのえる。

### 栄養POINT

レバーとほうれん草に多く含まれる鉄分。貧血の予防はもちろん、血流増加で持久力の維持にもつながります。

カロリー 1107kcal　たんぱく質 43.9g　炭水化物 162.1g

## ほうれん草とにんじんのナッツ和え

材料と作り方（1～2食分）
1 ほうれん草100gは塩ゆでし、水にとり水けをしぼり、3～4㎝長さに切る。にんじん15gはスライサーでせん切りにする。ミックスナッツ大さじ1は刻む。
2 ボウルに1、はちみつ・しょうゆ各小さじ1を入れて和える。

メインのおかず

## レバカツ

材料（1～2食分）
豚レバー…150g
牛乳・小麦粉・溶き卵・パン粉・揚げ油…各適量
塩…小さじ⅕
こしょう…少々
ソース…適宜

作り方
1 レバーはそぎ切りにし、牛乳に10分以上漬ける。水洗いをして、水けを拭き取り、塩、こしょうをふる。小麦粉、溶き卵、パン粉の順につける。
2 フライパンに2㎝深さの揚げ油を入れて180度に熱し、1を揚げる。お好みでソースをかける。

サブのおかず

## かぼちゃとレーズンのサラダ

材料（1～2食分）
かぼちゃ…100g
レーズン…大さじ2
マヨネーズ…大さじ1
塩・こしょう…各適量

作り方
1 かぼちゃは一口大に切り、耐熱容器に入れてラップをかけ、電子レンジで2分加熱する。やわらかくなったら粗めにつぶす。
2 1にレーズン、マヨネーズを加えて混ぜ合わせ、塩、こしょうで味をととのえる。

サブのおかず

## 春雨ナムル

材料（1～2食分）
小分け春雨…2個(16g)
ハム…1枚
A しょうゆ・白すりごま…各小さじ1
　鶏がらスープの素・ごま油…各小さじ½

作り方
1 耐熱容器に小分け春雨、ひたひたの水を入れてラップをかけ、電子レンジで2分加熱する。戻ったら水けをきる。ハムは細切りにする。
2 ボウルに1、Aを入れて混ぜる。

### ラクテク

前日にレバーの血抜きをしておくと当日の調理もスムーズ。かぼちゃや小分け春雨は、レンチン調理が断然ラクです。

持久系スポーツの
部活弁当
女子

# きのこおこわ弁当

糖質やたんぱく質を体内に取り込むために欠かせない栄養素を含むきのこをたっぷり入れて、旨みもバッチリなきのこおこわを詰め込んで！

主食

## きのこおこわ

材料と作り方（2～3食分）

1 干ししいたけ5gは水で戻し、細切りにする。
2 炊飯器の内釜に洗ったもち米2合、昆布5cm（または和風顆粒だし小さじ½）しょうゆ・みりん各大さじ2、1の戻し汁を入れ、おこわ（またはもち米）の分量の目盛りまで水を注ぎ入れる。
3 2に小房にしたまいたけ130g、1、細切りにしたにんじん40g、短冊切りにした油揚げ1枚分を順にのせ、普通または炊き込みモードで炊く。

りんご…適量
くし形切りにし、酢水（またはレモン水）につけてから水けをきる。

栄養POINT

もち米の入ったおこわで腹持ちがよく、副菜にはさつまいもで糖質をプラス。果糖がとれる果物はさっぱりとして食べやすいので、量が食べられないときにもよい。

| カロリー | たんぱく質 | 炭水化物 |
|---|---|---|
| 808 kcal | 22.9g | 109.6g |

メインのおかず

## 鶏と枝豆の落とし焼き

材料（1～2食分）

鶏ひき肉…80g
長ねぎ…5cm分
溶き卵…1個分
枝豆（冷凍）…大さじ2
A みそ…大さじ½
　塩・こしょう…各少々
サラダ油…適量

作り方

1 長ねぎはみじん切りにする。
2 ボウルにひき肉、1、溶き卵、枝豆、Aを入れて混ぜ合わせる。
3 フライパンにサラダ油を中火で熱し、2をスプーンで落とし、片面2～3分ずつ焼く。

サブのおかず

## さつまいものレモン煮

材料（1～2食分）

さつまいも…160g
A はちみつ・砂糖…各大さじ1
　レモン汁…大さじ½
　塩…ひとつまみ
　水…200mℓ
レモンスライス（いちょう切り）…1枚

作り方

1 さつまいもは輪切りにし、10分ほど水にさらし、水けをきる。
2 小鍋に1、Aを入れ、さつまいもに串が通るまで弱火で煮る。
3 さつまいもを一度取り出し、煮汁が半量になるまで中火で煮詰めたら、さつまいもを戻し入れてレモンスライスを加え、煮汁をからめる。

サブのおかず

## ひじき煮

材料（1～2食分）

芽ひじき…5g
にんじん…15g
さつま揚げ…1枚
A めんつゆ（3倍濃縮）…大さじ1
　砂糖…小さじ½
　水…50mℓ

作り方

1 芽ひじきは水に10分ほど入れて戻し、水けをきる。にんじんはスライサーで細切りにし、さつま揚げは細切りにする。
2 耐熱容器に1、Aを入れ、ラップをかけ、電子レンジで3分加熱する。

ラクテク

おこわは前日にセットしておけば、翌日炊き上がっているから、そのまま詰めるだけ。煮物は前日に作っておくのも◎。

# 豚のトマト煮弁当

疲労回復にも役立つリコピンをトマトジュースで摂取。酸味もあるしっかりとした味つけができるので、レパートリーのひとつに。

持久系スポーツの
部活弁当
女子

### サラスパ

材料と作り方（1～2食分）

1 スパゲッティ50gは5～6cm長さに折って袋の表示通りにゆで、水でしめたら水けをきる。
2 ボウルに1、ミックスベジタブル大さじ2、ツナオイル漬け缶½缶、マヨネーズ大さじ2を入れて混ぜ、塩・こしょう各適量で味をととのえる。

主食
おにぎり…適量

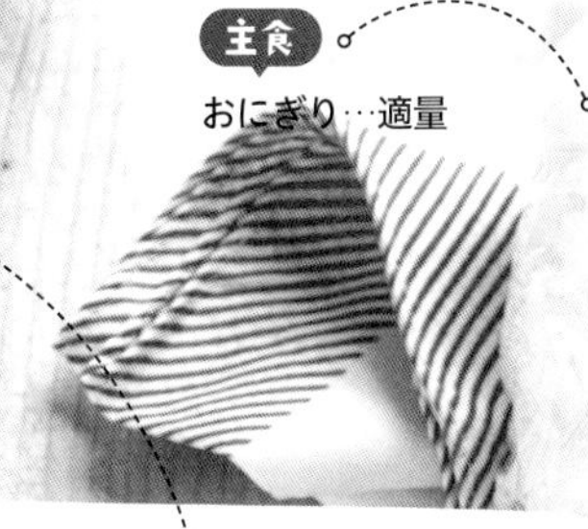

カロリー 952kcal　たんぱく質 35.0g　炭水化物 142.0g

メインのおかず

## 豚のトマト煮

材料（1～2食分）

豚肉（とんかつ用）…1枚（120g）
塩・こしょう…各少々
小麦粉…小さじ½
オリーブ油…小さじ1
にんにく…½かけ
赤唐辛子…½本
玉ねぎ（薄切り）…¼個分
A トマトジュース…150㎖
　砂糖…小さじ1
　顆粒コンソメ…小さじ½

作り方

1 豚肉は1cm幅に切り、塩、こしょうをふり、小麦粉をまぶす。
2 フライパンにオリーブ油を弱火で熱し、つぶしたにんにく、赤唐辛子を入れ、香りが出たら中火で1を焼く。
3 2の豚肉に焼き色がついたら、玉ねぎを加えて炒め、しんなりしたらAを加え、汁けが煮詰まるまで煮る。

サブのおかず

## アスパラのピーナッツ和え

材料（1～2食分）

グリーンアスパラガス…4～5本
A ピーナッツ（刻む）…大さじ2
　しょうゆ・砂糖…各小さじ1

作り方

1 アスパラガスは根元の固い部分とハカマを取り除いて、塩ゆでし、3～4cm長さに切る。
2 ボウルに1、Aを入れて和える。

栄養POINT

持久力を上げるには、疲れにくい体づくりが基本。疲労回復に欠かせない豚肉に含まれるビタミンB1と、強い抗酸化力を持つトマトのリコピンを取り入れましょう。

サブのおかず

## 黒豆コールスロー

材料（1～2食分）

キャベツ…50g
塩…少々
黒豆の甘煮（市販）…大さじ2
マヨネーズ…小さじ1
塩・こしょう…各適量

作り方

1 キャベツは細切りにし、塩をもみ込む。
2 ボウルに1、黒豆の甘煮、マヨネーズを入れて和え、塩、こしょうで味をととのえる。

ラクテク

豚のトマト煮、サラスパなど、時間がかかるおかずは前日に作っておくのがコツ。朝作るのは簡単なおかずにしましょう。

持久系+筋力系の部活弁当

男子

# 牛肉といんげんのオイスターソース炒め弁当

旨みたっぷりの牛肉炒めに、魚のすり身であるはんぺんでたんぱく質をしっかり摂取！

## はんぺんチーズ

材料と作り方(4個分)

1 はんぺん½枚は三角に4等分に切る。スライスチーズ1枚も同様に切る。

2 はんぺんの厚み半分のところに切り込みを入れ、チーズを挟む。これを4つ作る。

3 フライパンにサラダ油小さじ2を熱し、2を並べ入れ、両面に焼き色がつくまで焼く。

### 栄養POINT

牛肉、はんぺんにはしっかりたんぱく質が、チーズには骨の強化に大切なカルシウムが豊富。ごはんとかぼちゃで糖質もしっかりとれます。

カロリー 912 kcal

たんぱく質 32.1g

炭水化物 154.1g

### ラクテク

フライパンで作るときは、はんぺんチーズ→ほうれん草のソテー→牛肉のオイスターソース炒めの順で調理するのが◎。

メインのおかず

## 牛肉といんげんのオイスターソース炒め

材料 (1～2食分)

牛こま切れ肉…150g

さやいんげん…8本

サラダ油…適量

A オイスターソース・みりん…各大さじ1

しょうゆ…小さじ1

砂糖…小さじ½

作り方

1 さやいんげんは3～4㎝長さに斜め切りする。

2 フライパンにサラダ油を中火で熱し、1を炒める。牛肉を加えて炒め、色が変わったらAを加えて炒め合わせる。

サブのおかず

## ほうれん草とコーンのソテー

材料 (1～2食分)

ほうれん草…100g

バター…5g

コーン…大さじ2

しょうゆ…小さじ½

塩・こしょう…各t軽量

作り方

1 フライパンにほうれん草、ひたひたの水を入れて火にかけ、全体がしんなりしたら水にとり、粗熱をとる。水けをしぼり、3～4㎝長さに切る。

2 フライパンにバターを中火で熱し、1、コーンを炒める。しょうゆを加えて合わせ、塩、こしょうで味をととのえる。

サブのおかず

## かぼちゃサラダ

材料 (1～2食分)

かぼちゃ…100g

きゅうり…⅓本

塩…少々

ハム…2枚

マヨネーズ…大さじ1

作り方

1 かぼちゃは一口大に切り、耐熱容器に入れてラップをかけ、電子レンジで2分加熱する。やわらかくなったら粗めにつぶす。

2 きゅうりは薄切りにし、塩をもみ込み、水けをしぼる。ハムは細切りにする。

3 1に2、マヨネーズを加えて混ぜる。

部活弁当

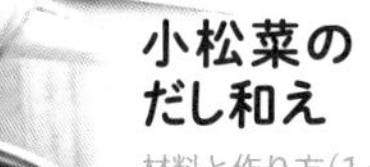


# ささみチーズフライ&のり弁当

淡白な鶏ささみも、チーズで食べ応えのあるコク深い味わいに。
小松菜からはカルシウムを補えます。

## のり弁

材料と作り方(1食分)
お弁当箱の9割ほどにごはん適量を詰め、しょうゆ・かつお節各適量をふり、お弁当箱の大きさに合わせて切った焼きのり適量をのせる。赤かぶの漬物を添える。

## 小松菜のだし和え

材料と作り方(1～2食分)
1 小松菜100gはゆでて水けをきり、3㎝長さに切る。
2 ボウルに1、白だし大さじ½を入れて和える。

ゆで卵…適量
軽く塩をふり、黒いりごまをかける。

カロリー 840 kcal　たんぱく質 30.7g　炭水化物 150.4g

メインのおかず

## ささみチーズフライ

材料(1～2食分)
鶏ささみ…2本
塩・こしょう…各少々
酒…小さじ1
スライスチーズ…1枚
水溶き小麦粉
…小麦粉大さじ2＋水大さじ2
パン粉・揚げ油・ソース…各適量

作り方
1 鶏ささみは筋を取り除き、塩、こしょう、酒をもみ込む。スライスチーズは半分に切る。
2 鶏ささみに縦に切り込みを入れ、スライスチーズを挟み、水溶き小麦粉、パン粉適量をまぶす。
3 フライパンに少なめの揚げ油を180度に熱し、2を揚げ焼きにする。
4 のり弁にのせ、ソースをかける。

サブのおかず

## ちくわの天ぷら

材料(1～2食分)
ちくわ…1本
A 天ぷら粉・水…各大さじ½
　青のり…少々
サラダ油…適量

作り方
1 ちくわの側面に、混ぜ合わせたAをつける。
2 フライパンにサラダ油を中火で熱し、1を転がしながら揚げ焼きにし、半分に切る。

栄養POINT

魚肉のすり身であるちくわは良質なたんぱく質を含んでいます。お弁当箱にしき詰めたたっぷりのごはんから糖質をとり、小松菜からは疲労回復を高めるビタミンCが摂取できます。

サブのおかず

## ピーマンのきんぴら

材料(1～2食分)
赤パプリカ…½個
ピーマン…1個
ごま油…小さじ1
A 赤唐辛子(輪切り)…⅓本分
　しょうゆ・みりん・砂糖・酒
　…各小さじ1

作り方
1 赤パプリカ、ピーマンは細切りにする。
2 フライパンにごま油を中火で熱し、1を炒める。しんなりしたらAを加え、汁けがなくなるまで炒める。

ラクテク

ささみチーズフライを2まで作り、ちくわの天ぷらは1まで作ったら、同じフライパンでいっしょに揚げ焼きができます。

持久系+筋力系の部活弁当 女子

# 大豆ドライカレー弁当

ごはんがすすむドライカレーも、ひき肉と大豆のダブルたんぱく質を入れて栄養満点に！

栄養POINT

大豆と豚肉、卵からはたんぱく質を補給。さつまいもは疲労回復に欠かせないビタミンCが豊富なうえ、糖質もしっかりとれます。

**さつまいものマーマレード煮**

材料と作り方（1～2食分）

耐熱容器に1㎝に輪切りにしたさつまいも小1本、マーマレードジャム大さじ1、砂糖小さじ1、塩ひとつまみ、水大さじ3を入れ、ラップをかけ、電子レンジで3分加熱し、そのまま冷ます。

メインのおかず

## 大豆ドライカレー

材料（1～2食分）

大豆（水煮）…50g
合いびき肉…100g
オリーブ油…小さじ2
玉ねぎ（みじん切り）…⅛個分
にんじん（みじん切り）…20g
A トマトケチャップ・水…各大さじ3
　中濃ソース・酒…各大さじ1
　カレー粉…大さじ½
塩・こしょう・ごはん・ドライパセリ…各適量

作り方

1 フライパンにオリーブ油を中火で熱し、玉ねぎ、にんじんを炒める。香りが出たらひき肉を加え、ポロポロになるまで炒める。
2 1に水けをきった大豆を加えて炒めたらAを加え、汁けがなくなるまでヘラで炒める。塩、こしょうで味をととのえる。
3 お弁当箱にごはんを盛り、2をのせ、ドライパセリを散らす。

サブのおかず

## しめじとベーコンのカップキッシュ

材料（1～2食分）

しめじ…30g
ベーコン…1枚
グリーンピース…小さじ2
溶き卵…1個分
ピザ用チーズ…15g
塩・こしょう…各適量

作り方

1 しめじは小房に分け、ベーコンは細切りにする。
2 耐熱容器に1を入れてラップをかけ、電子レンジで1分～1分20秒加熱する。
3 2にグリーンピース、溶き卵、ピザ用チーズを加えて混ぜ、塩、こしょうで味をととのえる。
4 アルミカップに3を流し入れ、オーブントースターで7～8分焼く。

サブのおかず

## れんこんのオイスターきんぴら

材料（1～2食分）

れんこん…80g
ごま油…小さじ1
A 赤唐辛子（輪切り）…⅓本分
　オイスターソース・酒・
　　みりん・砂糖…各小さじ1
　しょうゆ…小さじ½

作り方

1 れんこんは皮をむいて4～5㎜厚さのいちょう切りにする。
2 フライパンにごま油を中火で熱し、1を1～2分炒める。Aを加え、汁けがなくなるまで炒める。

ラクテク

大豆ドライカレーは前日に作っておくとラク。さつまいもの煮物はレンチン、キッシュはレンチン＆トースターで簡単。

# 鶏むね肉のスティックカレー焼き弁当

持久系+筋力系の
部活弁当
女子

持久系＋筋力系のスポーツにはすぐにエネルギーになる糖質が欠かせません。ごはんのほかにマカロニやりんごで取り入れて、バテない体づくりに努めましょう。

りんご…適量
食べやすい大きさに切り、酢水（またはレモン水）につけてから水けをきる。

**ひじきのツナ和え**

材料と作り方（1～2食分）

1 芽ひじき4gは水で戻し、水けをしぼる。
2 ボウルに1、水けをきったホールコーン大さじ2、ツナオイル漬け缶¼缶を入れて混ぜ、めんつゆ（3倍濃縮）小さじ1、ごま油小さじ½を加えて和える。

**栄養POINT**

鶏むね肉といかでたんぱく質を補給。果物は糖質もとれ、りんごは紫外線対策にもなるので、外競技におすすめです。ひじきには鉄分が含まれているので、持久力アップにつながります。

ごはん・ふりかけ
…各適量

カロリー 866 kcal
たんぱく質 35.3g
炭水化物 132.4g

メインのおかず

## 鶏むね肉のスティックカレー焼き

材料（1～2食分）
鶏むね肉…150g
塩・こしょう…各少々
酒…小さじ1
片栗粉・サラダ油…各適量
A しょうゆ・みりん・酒・砂糖
…各小さじ1
カレー粉…小さじ½

作り方
1 鶏肉は棒状に切り、塩、こしょう、酒をもみ込み、片栗粉をまぶす。
2 フライパンにサラダ油を中火で熱し、1を転がしながら焼く。鶏肉に火が通ったら、Aを加えてからめる。

サブのおかず

## いかと小松菜のバターソテー

材料（1～2食分）
カットいか（冷凍／または
シーフードミックス）…50g
小松菜…100g
バター…5g
鶏がらスープの素…小さじ1
こしょう…少々

作り方
1 小松菜はざく切りにする。
2 フライパンにバターを中火で熱し、カットいか、1を炒める。鶏がらスープの素を加え、こしょうをふる。

サブのおかず

## マカロニサラダ

材料（1～2食分）
マカロニ（乾燥）…20g
ハム…2枚
ミックスベジタブル…大さじ2
マヨネーズ…大さじ1
塩・こしょう…各適量

作り方
1 マカロニは袋の表示通りにゆでる。ハムは細切りにする。
2 ボウルに1、ミックスベジタブル、マヨネーズを入れて混ぜ、塩・こしょうで味をととのえる。

**ラクテク**

最初にマカロニをゆでる湯を沸かしたり、ひじきを水で戻しておいて、その間に材料の準備をすると、時短になります。

筋力系スポーツの
部活弁当
男子

# しょうが豚丼弁当

筋肉をつくるのに欠かせないたんぱく質とビタミンB群がしっかりとれる豚肉を、ごはんの上にドンとのせて、モリモリ食べて！

ゆでアスパラガス…適量
根元の固い部分とハカマを取り除いて塩ゆでし、4～5cm長さに切る。

紅しょうが…適量

栄養POINT

豚肉、厚揚げ、卵からしっかりたんぱく質を摂取。しょうがには筋肉痛をやわらげる効果も期待できるので、激しいトレーニングのあとにはプラスすると◎。

カロリー 1000kcal　たんぱく質 38.0g　炭水化物 140.7g

メインのおかず

## しょうが豚丼と厚揚げの煮物

材料（1～2食分）

豚こま切れ肉…150g
玉ねぎ（薄切り）…1/8個分
厚揚げ（2cm角に切る）
…50g
サラダ油…小さじ2
A 酒・しょうゆ・みりん
…各大さじ1
砂糖…小さじ1
水…50mℓ
小ねぎ（小口切り）
…1本分
すりおろししょうが
…1/3かけ分
ごはん…適量

作り方

1 フライパンにサラダ油を中火で熱し、豚肉、玉ねぎを炒める。豚肉の色が変わったら、厚揚げ、Aを加え、煮汁が半量になるまで炒め煮する。
2 1から厚揚げを取り出し、小ねぎを混ぜ、お弁当箱に詰める。
3 残りの1にすりおろししょうがを加え、1分ほど煮て、ごはんの上にのせる。

サブのおかず

## しそウインナーの卵焼き

材料（1～2食分）

溶き卵…2個分
塩…少々
サラダ油…適量
青じそ…2枚
ウインナーソーセージ…2本

作り方

1 ボウルに溶き卵、塩を入れて混ぜる。
2 卵焼き用フライパンにサラダ油を中火で熱し、1を半量流し入れる。青じそ、ウインナーソーセージをのせて、端から巻いて焼く。残りの1を2回に分けて流し入れて同様に焼き、食べやすい大きさに切る。

サブのおかず

## にんじんのツナ和え

材料（3～4回分）

にんじん…80g
塩…少々
ツナオイル漬け缶…1/4缶
マヨネーズ…大さじ1

作り方

1 にんじんはスライサーなどで細切りにし、塩をもみ込み、しんなりしたら水けをしぼる。
2 1にツナ缶、マヨネーズを加えて和える。

ラクテク

しょうが豚丼の具と、厚揚げの煮物をいっしょに調理して2品完成。にんじんのせん切りは、スライサーを使えば簡単！

# 牛マスタードソテー弁当

卵焼きに入れたピーマンに含まれるクロロフィルには、中性脂肪がたまるのを防ぐ効果があるので、効率のよい筋力アップにおすすめです。

メインのおかず

## 牛マスタードソテー

材料 (1～2食分)

牛こま切れ肉…150g
長ねぎ…⅓本
サラダ油…小さじ2
A 粒マスタード・酒・はちみつ
…各大さじ1
しょうゆ…小さじ2

作り方

1 長ねぎは斜め薄切りにする。
2 フライパンにサラダ油を中火で熱し、牛肉、1を炒める。牛肉の色が変わったらAを加えて炒め合わせる。

ラクテク

1～2つの食材でできるおかずを詰め合わせれば、時短弁当に。特にサブのおかずは、1つの食材で作るとラクです。

サブのおかず

## 魚肉チャップ

材料 (1～2食分)

魚肉ソーセージ…1本
サラダ油…小さじ1
トマトケチャップ…大さじ1

作り方

1 魚肉ソーセージは輪切りにする。
2 フライパンにサラダ油を中火で熱し、1を炒める。トマトケチャップを加えて軽く煮詰める。

栄養POINT

脂肪の少ない赤身の牛肉と、低カロリー、高たんぱくな魚肉ソーセージは、筋トレ向きの食材。脂質を控えてたんぱく質をしっかりとると、筋力アップにつながります。

サブのおかず

## ピーマン入り卵焼き

材料 (1～2食分)

赤パプリカ・ピーマン…各1個
A 溶き卵…2個分
白だし・砂糖…各小さじ1
サラダ油…適量

作り方

1 赤パプリカ、ピーマンは種、ワタを取り除き、粗みじん切りにする。耐熱容器に入れ、ラップをかけ、電子レンジで50秒加熱する。
2 ボウルに1、Aを入れて混ぜ合わせる。
3 卵焼き用フライパンにサラダ油を中火で熱し、2を厚焼き卵の要領で焼き、食べやすい大きさに切る。

筋力系スポーツの
部活弁当
女子

# 鶏のしょうが照り焼き弁当

照り焼きやチリ和えなど、さまざまな食材と味つけのバリエーションで、たんぱく質がしっかりととれるお弁当。フルーツで、糖質やビタミンを補えます。

主食
ごはん・たくあん（市販）…各適量

キウイフルーツ…適量

### オクラのカレー炒め

材料と作り方（1～2食分）

1 オクラ4本は板ずりをし、水洗いをしたら水けを拭き取り、斜め半分に切る。
2 フライパンにバター3gを中火で熱し、1を炒め、カレー粉小さじ¼、塩・こしょう各適量をふる。

カロリー 766kcal　たんぱく質 34.9g　炭水化物 123.2g

**栄養POINT**

筋力アップに欠かせないたんぱく質が鶏むね肉、えび、卵からとれます。にらに含まれるアリシンは疲労回復を促したり、ビタミンB1の吸収を促進してスタミナの増強につながります。

メインのおかず

## 鶏のしょうが照り焼き

材料（1～2食分）
鶏むね肉…½枚
酒…小さじ1
塩・こしょう・小麦粉…各適量
サラダ油…小さじ2
A しょうゆ・酒・みりん…各小さじ2
　砂糖・すりおろししょうが…各小さじ1
　水…大さじ2
白いりごま…適量

作り方
1 鶏むね肉は7～8㎜の厚さのそぎ切りにし、酒をもみ込み、塩、こしょうをふり、小麦粉をまぶす。
2 フライパンにサラダ油を中火で熱し、1を両面こんがり焼き、火が通ったらAを加えて煮からめる。白いりごまを

サブのおかず

## えびのチリ和え

材料（1～2食分）
むきえび…80g
酒・サラダ油…各小さじ1
片栗粉…適量
A トマトケチャップ…大さじ1
　豆板醤・砂糖…各小さじ½

作り方
1 むきえびは酒をふり、片栗粉をまぶす。
2 フライパンにサラダ油を中火で熱し、1を焼く。火が通ったらAを加えて軽く煮詰める。

**ラクテク**

鶏むね肉は、前日にそぎ切りにして下味をつけておいて。卵焼きより、スクランブルの方が、手軽に作れておすすめ。

サブのおかず

## じゃことにらのスクランブルエッグ

材料（1～2食分）
溶き卵…1個分
A 塩・こしょう…各適量
　ちりめんじゃこ…小さじ2
　マヨネーズ…小さじ1
　にら（小口切り）…15g

作り方
1 耐熱容器に溶き卵、Aを入れて混ぜ合わせる。
2 1にラップをふんわりとかけ、電子レンジで50秒加熱する。一度取り出してかき混ぜ、さらに20～30秒加熱し、混ぜる。

# 鮭のムニエル弁当

鮭、卵、ちくわとたんぱく質豊富な食材に、炭水化物の代謝を促すさつまいもを混ぜたごはんで、筋力アップを目指せます。

筋力系スポーツの部活弁当

女子

主食

## さつまいもごはん

材料と作り方（2～3食分）

1 さつまいも1本は乱切りにし、10分ほど水にさらし、水けをきる。
2 炊飯器の内釜に洗った米2合、みりん大さじ2、塩小さじ1を入れ、分量のメモリまでの水を注ぎ入れる。1をのせ、普通または炊き込みモードで炊く。
3 お弁当箱に詰め、黒いりごま適量をふる。

フリルレタス…適量

カロリー 721kcal　たんぱく質 29.5g　炭水化物 116.6g

メインのおかず

## 鮭のムニエルとズッキーニのソテー

材料（1～2食分）

生鮭（切り身）…1切れ
ズッキーニ…⅓本
塩・こしょう・小麦粉…各適量
オリーブ油…小さじ1
A 酒・しょうゆ…各小さじ1
　バター…5g
レモンスライス（いちょう切り）…1枚

作り方

1 生鮭は塩、こしょうをふり、小麦粉をまぶす。ズッキーニは輪切りにする。
2 フライパンにオリーブ油を中火で熱し、1を両面を焼く。
3 2からズッキーニを取り出し、塩・こしょう各適量をふる。
4 2にA、レモンスライスを加え、煮詰める。

サブのおかず

## 味玉

材料（1～2食分）

ゆで卵…1～2個
A みそ・みりん…各大さじ1
　めんつゆ（3倍濃縮）…大さじ½

作り方

ポリ袋にゆで卵、Aを入れて2時間以上漬ける。

サブのおかず

## ちくわチーズ

材料（1～2食分）

ちくわ…1本
プロセスチーズ…適量

作り方

ちくわにプロセスチーズを詰め、食べやすい大きさに切る。

栄養POINT

鮭、卵にはビタミンB群が豊富に含まれるので疲労回復に。炭水化物が豊富なさつまいもごはんでエネルギーアップ！

ラクテク

味玉は作りおきしておくのが◎。さつまいもごはんも前日に炊飯セットして。ちくわチーズは、時短弁当にピッタリ！

Column

# 忙しい朝のお弁当作りがラクになるテクニック

忙しい朝、朝食もお弁当もと、調理に時間をあまりかけらないというときは、
前日に下ごしらえをしたり、夕食のおかずをリメイクすると、短時間で調理ができます。

## 1 夜仕込んでおく

鶏肉や豚肉をみそダレ、塩麹などに漬けておく、下ゆでしておくと、当日は焼くだけ、再加熱して味つけするだけ、タレをかけるだけなど簡単です。

## 2 野菜の下ごしらえをしておく

根菜類、ブロッコリー、カリフラワーも下ゆでしておいたり、一口大に切って冷蔵・冷凍保存したりするのもおすすめ。

## 3 夕食のおかずをリメイクする

鶏の照り焼き ···> 親子煮、ねぎ炒め、片栗粉をまぶして揚げるなど

そぼろ ···> オムレツ、かぼちゃなど野菜と和える、厚揚げなどといっしょに煮る、カレー粉を足して炒める

しょうが焼き ···> 木綿豆腐と合わせて肉豆腐、キムチを入れて豚キムチなど

## 4 夕食のおかずと合わせて1週間分の主菜と副菜を決めておく

お弁当が毎日あるときは、夕食のおかずと合わせて1週間分の主菜と副菜を決めておくと、考える手間が1回ですむので、無駄がありません。

| 曜日 | 夕食 | お弁当主菜 | お弁当副菜 |
|---|---|---|---|
| 日曜日 | すき焼き | | |
| 月曜日 | 鶏照り焼き | 牛卵とじ | ほうれん草お浸し |
| 火曜日 | 豚しゃぶ | 鶏塩麹焼き | いんげんごま和え |
| 水曜日 | 鮭ちゃんちゃん焼き | 豚ごま和え | コーンソテー |
| 木曜日 | 豚肉しょうが焼き | 鮭塩焼き | ひじき入り卵焼き |
| 金曜日 | 鶏そぼろビビンバ | 豚キムチ炒め | 小松菜ゆかり和え |
| 土曜日 | ハンバーグ | 3色弁当 | トマト |

# Part3

たんぱく質
たっぷり

# メインおかず
# &
# サブおかず

ビタミン、
ミネラルたっぷり

お弁当作りは、毎日のことだから、ラクに作れるようになりたいもの。
『夜仕込み』『作りおき』『朝すぐでき』の３つカテゴリーに分けて
時短レシピをご紹介。体づくりに必要な栄養素がとれる
お弁当作りに役立てましょう。

# 時短できて朝ラクできる部活弁当の作り方

毎朝のことだからこそ、時短でラクに作れるお弁当がうれしいもの。
十分なエネルギーや栄養がしっかりとれるおいしい部活弁当を手軽に作るコツをご紹介します。

## 夜仕込み+作りおき+朝すぐできおかずを組み合わせれば、忙しい朝も10分で完成！

### Timetable

| | 前日 | 当日:0min | 5min | 10min／完成 |
|---|---|---|---|---|
| プルコギ | 野菜を切り、牛肉に下味をつける | | フライパンで炒める | お弁当箱に詰める |
| ひじきとさつま揚げの煮物 | 作りおきをする | | | お弁当箱に詰める |
| アスパラガスのペッパーチーズ和え | | 湯を沸かす→塩ゆでする | 切る→和える | お弁当箱に詰める |
| ミニトマトのベーコン焼き | | ミニトマトにベーコンを巻く | フライパンで焼く | お弁当箱に詰める |
| ごはん+ゆかり | 米を研ぎ、炊飯器のタイマーをセットする | | | お弁当箱に詰める |

## memo

### 作りおきおかずは、小分けにして冷凍も便利

作りおきおかずは、保存容器に入れて冷蔵保存でもOKですが、小分けにして1食分をカップに入れ、ラップをして冷凍庫で凍らせ、冷凍用保存容器に入れて冷凍保存がおすすめ。お弁当に詰めるときは、必ず電子レンジ加熱をしましょう。

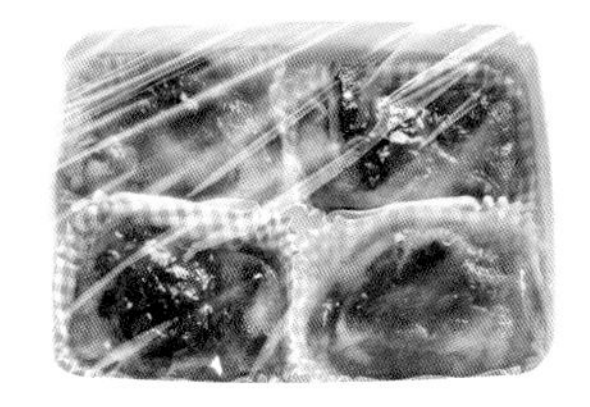

メインおかずもカップに入れてラップをして冷凍を。

サブおかずは小さめカップに入れて冷凍用保存容器に入れて冷凍。

# 詰め方Lesson

頑張って作ったお弁当が片寄らないように、詰める順番をおぼえてきっちりと詰め込んで。

**1 ごはんを詰める**

まずは、お弁当箱の半分ぐらいのスペースにごはんをきっちり詰めます。

**2 メインおかずを詰める**

お弁当箱におかずカップ(大)を入れ、大きいメインおかずを詰めます。

**3 サブおかずを詰める❶**

おかずカップ(小)をおき、形の変わりやすいサブおかずを詰めます。

**4 サブおかずを詰める❷**

おかずカップ(小)をおき、彩りを考えながら、サブおかずを詰めます。

**5 サブおかずを詰める❸**

おかずカップ(小)をおき、彩りのポイントになるサブおかずを詰めて。

カロリー 269 kcal　たんぱく質 13.1g

青じそとねぎの香りがしっかりついておいしい!

# 香味から揚げ

材料（1～2食分）

鶏もも肉…½枚(150g)

A しょうゆ・酒…各大さじ½
長ねぎ(みじん切り)…5cm分
すりおろしにんにく・すりおろししょうが…各小さじ1
塩・こしょう…各少々

青じそ…2枚

片栗粉・揚げ油…各適量

＼夜仕込み／

作り方

1 夜仕込み 鶏肉は一口大に切り、Aをもみ込む。

2 翌朝 ボウルにせん切りにした青じそ、片栗粉を入れて混ぜ合わせ、1にまぶす。

3 フライパンに2cm深さの揚げ油を入れて180度に熱し、2を揚げる。

おすすめ! サブおかず

ミニトマトのベーコン焼き →P82

ピーマンのピカタ →P91

カロリー 233 kcal　たんぱく質 23.0g

ごはんがすすむカレー味を骨つき肉で!

# タンドリーチキン

材料（1～2食分）

鶏手羽元(または鶏もも肉)…3～4本

A プレーンヨーグルト(無糖)…大さじ3
トマトケチャップ…大さじ1
カレー粉…大さじ½
すりおろしにんにく・すりおろししょうが…各小さじ1
塩…小さじ½
こしょう…少々

＼夜仕込み／

作り方

1 夜仕込み 鶏手羽元はAに漬ける。

2 翌朝 タレを軽く拭き取った1を、魚焼きグリルで8～10分焼く。

**Point**

鶏手羽元に切り込みを入れておくと、味がしみ込みやすくなります。グリルがなければ、トースターで焼きましょう。

鶏肉はたんぱく質が豊富で中高生の体づくりに最適。 リーズナブルな食材でもあるので、作り方や味つけでレパートリーを増やして、積極的に取り入れたい食材のひとつです。

塩麹でむね肉をしっとりやわらやく仕上げる!

## 塩麹 スパイスチキンソテー

材料（1～2食分）

鶏むね肉…½枚（150g）

A 塩麹…小さじ2

チリパウダー…小さじ⅛

粗びき黒こしょう…少々

サラダ油…適量

夜仕込み

作り方

1 夜仕込み 鶏肉はAをもみ込む。

2 翌朝 1の塩麹を軽く拭き取る。

3 フライパンにサラダ油を中火で熱し、2を焼く。焼き色がついたら弱火にし、蓋をして蒸し焼きにする。4～5分焼いたら上下を返し、さらに4～5分焼く。火が通ったら食べやすい大きさに切る。

Point

塩麹をもみ込んで寝かせるだけで、パサつきがちな鶏むね肉がしっとりジューシーに。お好みのスパイスを合わせても。

カロリー 131 kcal　たんぱく質 16.3g

食べやすい手羽中に甘辛ダレをからめて!

## 甘辛手羽中

夜仕込み

材料（1～2食分）

鶏手羽中…6本（130g）

A 酒…小さじ1

塩・こしょう…各少々

B しょうゆ・酒・みりん…各小さじ2

砂糖・すりおろししょうが…各小さじ½

片栗粉・サラダ油…各適量

作り方

1 夜仕込み 鶏手羽中はAをもみ込み、Bは合わせておく。

2 翌朝 鶏手羽中に片栗粉をまぶす。

3 フライパンにサラダ油を中火で熱し、2を焼く。ペーパータオルで余分な油を拭き取り、Bを加えてからめる。

おすすめ! サブおかず

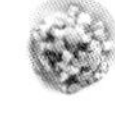

大豆ときゅうりのサラダ→P75

かぼちゃのごま焼き→P87

カロリー 240 kcal　たんぱく質 12.1g

みんな大好きな定番メニューをたっぷり詰め込んで!

# 豚こまのみそしょうが焼き

材料（1〜2食分）

豚こま切れ肉…150g
塩・こしょう…各少々
A みそ…小さじ2
酒・みりん…各小さじ1
しょうゆ・すりおろししょうが…各小さじ1
玉ねぎ…¼個
サラダ油…適量

＼夜仕込み／

作り方

1 夜仕込み 豚肉は塩、こしょうをふり、Aをもみ込む。玉ねぎは薄切りにする。
2 翌朝 フライパンにサラダ油を中火で熱し、1を加え、豚肉に焼き色がつき、玉ねぎがしんなりするまで炒める。

おすすめ！サブおかず

にんじんのマヨ七味和え→P82

きゅうりのしょうが和え→P91

蓋をあけると、食欲そそるソースの香りがフワッと

# 豚のソースから揚げ

材料（1〜2食分）

豚ロース薄切り肉…150g
A 酒・すりおろししょうが…各小さじ1
塩…少々
溶き卵…½個分
片栗粉・揚げ油…各適量
ウスターソース…大さじ3

＼夜仕込み／

作り方

1 夜仕込み 豚肉はAをもみ込む。
2 翌朝 1に片栗粉をまぶす。
3 フライパンに少なめの揚げ油を入れて180度に熱し、2を一口大にぎゅっと丸めて揚げる。熱いうちにウスターソースにくぐらせ、汁けをきる。

**Point**

下味をつけておけば、翌朝は衣をつけて揚げるだけ。揚げたてをウスターソースにくぐらせてごはんがすすむおかずに。

豚肉には疲労回復にも大切なビタミンB1が豊富。安価な薄切り肉を丸めて食べ応えをアップしたり、
豚肉の栄養吸収を促す食材と合わせたおかずで、部活を頑張る子どもたちを応援！

スタミナをつけるにはやっぱりコレ!

## にら豚のスタミナ炒め

材料（1～2食分）

豚こま切れ肉…150g
塩・こしょう…各少々
片栗粉…小さじ1
にら・もやし…各50g
A オイスターソース…小さじ2
　しょうゆ・酒…各小さじ1
ごま油…大さじ½

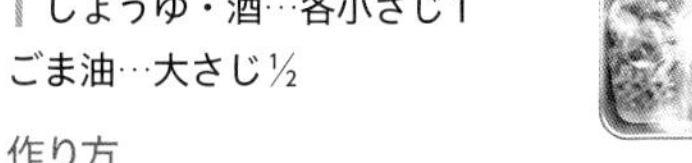

夜仕込み

作り方

1 夜仕込み 豚肉は塩、こしょうをふり、片栗粉をまぶす。にらは3cm長さに切る。Aは混ぜ合わせる。

2 翌朝 フライパンにごま油を中火で熱し、豚肉の色が変わるまで炒める。にら、もやしを加えてさっと炒め、Aを加えて炒め合わせる。

**Point**

翌朝は炒めるだけの状態まで夜に仕込んでおくと、あっという間に出来上がり。お弁当に詰めるときは、粗熱をとって。

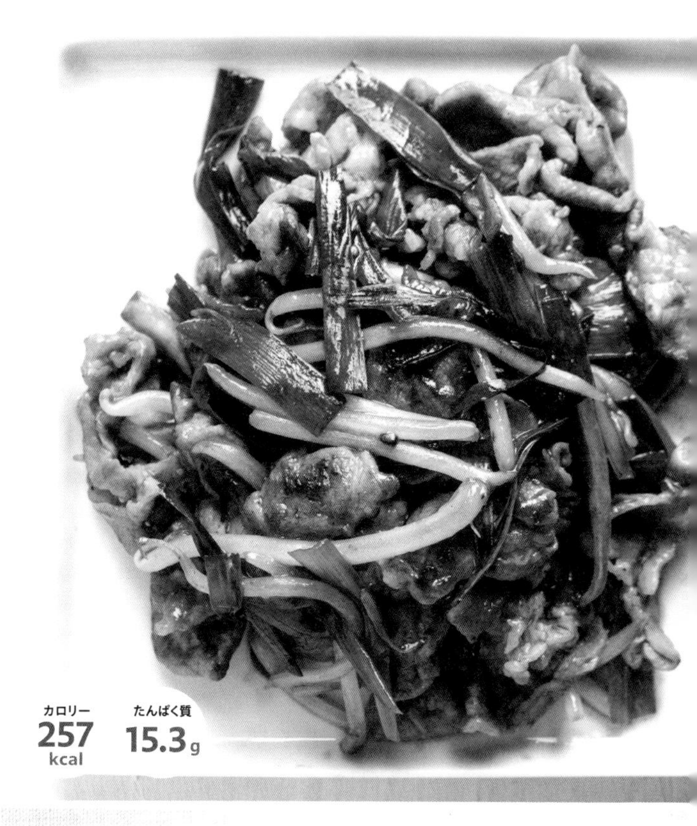

カロリー 257 kcal　たんぱく質 15.3g

疲労回復に効果的な豚肉ときのこの組み合わせ

## エリンギの豚巻き照り焼き

材料（1～2食分）

豚バラ薄切り肉…2枚
エリンギ…2本
片栗粉…適量
A 酒・みりん…各大さじ1
　しょうゆ…大さじ½
　砂糖…小さじ½

夜仕込み

作り方

1 夜仕込み エリンギに豚肉を巻き、片栗粉をまぶす。Aは混ぜ合わせる。

2 翌朝 フッ素樹脂加工のフライパンを中火で熱し、1を焼く。 Aを加えてからめ、照り焼きにする。

カロリー 164 kcal　たんぱく質 4.8g

**おすすめ！サブおかず**

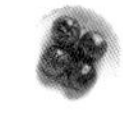

ミニトマトのはちみつレモン和え→P82

もやしとツナのマリネ→P98

しっかり味のおかずでごはんがすすむ!

## プルコギ

材料（1～2食分）

牛切り落とし肉…150g
玉ねぎ…¼個
しいたけ…1枚
ピーマン…1個
A しょうゆ・酒…各小さじ2
コチュジャン・砂糖・ごま油・すりおろししょうが・すりおろしにんにく…各小さじ1
粉唐辛子(または一味唐辛子)…少々

作り方

1 夜仕込み 玉ねぎ、しいたけは薄切りにし、ピーマンは1cm幅に切る。
2 ポリ袋に牛肉、1を入れ、Aを加えてもみ込む。
3 翌朝 フッ素樹脂加工のフライパンを中火で熱し、2を汁ごと入れ、火が通るまで炒める。

おすすめ! サブおかず

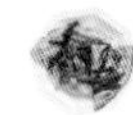
チヂミ風卵焼き →P74

かぶの昆布茶和え →P99

噛み応えのあるステーキ肉に塗って焼くだけ!

## 牛肉のマスタードマヨ焼き

材料（1～2食分）

牛肉(ステーキ用)…120g
塩・こしょう…各適量
マヨネーズ…適量
粒マスタード…小さじ2

作り方

1 夜仕込み 牛肉は2cm幅に切り、塩、こしょうをふる。
2 アルミホイルの上に1をのせ、マヨネーズをぬり、粒マスタードをのせる。
3 翌朝 オーブントースターに2をアルミホイルごと入れ、肉汁が出るまで7～8分焼く。

**Point**

牛肉を切ってマスタードマヨをのせておけば、翌日はトースターで焼くだけだから、すぐできます。

旨みたっぷりの牛肉は、冷めてもおいしいから、お弁当のおかずにピッタリ！　牛肉には豊富なたんぱく質と、たんぱく質の代謝を促すビタミンB6、鉄分が含まれているので、筋力アップにとても効率のよい食材です。

牛肉の旨みとチーズのたまらない組み合わせ

## 牛肉のチーズ巻き

材料（1～2食分）

牛もも薄切り肉…140g
プロセスチーズ…50g
片栗粉…適量
焼肉のタレ…大さじ3

夜仕込み

作り方

1 夜仕込み プロセスチーズは棒状に6等分に切る。
2 1を牛肉でそれぞれ巻き、片栗粉をまぶす。
3 翌朝 フッ素樹脂加工のフライパンを中火で熱し、2を焼く。火が通ったら焼肉のタレを加えてからめる。

Point

チーズを牛肉で巻いて片栗粉をまぶしておけば、翌朝はそのままフライパンで焼くだけ。味つけは焼肉のタレでOK。

カロリー 236 kcal　たんぱく質 20.5g

肉と卵のたんぱく質コンビで大満足!

## うずらの牛肉巻き

材料（1～2食分）

牛もも薄切り肉…100g
うずらの卵（水煮）…6個
片栗粉…適量
サラダ油…適量
A トマトケチャップ…大さじ1
　中濃ソース・みりん・酒…各大さじ½

夜仕込み

作り方

1 夜仕込み うずらの卵に片栗粉をまぶし、牛肉で巻く。表面にも片栗粉を薄くまぶす。
2 翌朝 フライパンにサラダ油を中火で熱し、1を転がしながら焼く。火が通ったらAを加えてからめる。

おすすめ！サブおかず

ラディッシュのしょうが和え→P83

ヤングコーンのカレー風味天ぷら→P86

カロリー 186 kcal　たんぱく質 13.3g

カロリー 321 kcal
たんぱく質 17.9 g

茶色いおかずもれんこんでかわいくできる!

## れんこんハンバーグ

材料（1～2食分）

合いびき肉…150g
玉ねぎ…⅛個
れんこん…50g
バター…5g
A 溶き卵…1個分
　パン粉…大さじ3
　塩・こしょう・ナツメグ(あれば)…各少々
B トマトケチャップ…大さじ2
　中濃ソース・みりん…各大さじ1
　水…大さじ4

作り方

1 夜仕込み 玉ねぎはみじん切りにし、れんこんは4枚分薄切りにし、残りはみじん切りにする。
2 耐熱容器に薄切りれんこん以外の1、バターを入れ、ラップをかけ、電子レンジで2分加熱する。
3 2の粗熱がとれたら、ひき肉、Aを加えて混ぜ合わせる。4等分にして成形し、片面に薄切りにしたれんこんをつける。 Bは混ぜ合わせる。
4 翌朝 フッ素樹脂加工のフライパンを中火で熱し、3のれんこんハンバーグを焼き色がつくまで両面を焼く。 Bを加え、蓋をし、ハンバーグに火が通り、タレが煮詰まってくるまで煮る。

1個分
カロリー 81 kcal
たんぱく質 5.1 g

きのこの旨みたっぷり!

## フライパンしゅうまい

材料（6個分）

夜仕込み

豚ひき肉…150g
しいたけ…2枚
A 長ねぎ(みじん切り)…5cm分
　片栗粉…大さじ1
　すりおろししょうが・オイスターソース…各小さじ1
　しょうゆ・砂糖・ごま油…各小さじ½
　こしょう…少々
しゅうまいの皮…6枚
サラダ油…適量
水…100mℓ

作り方

1 夜仕込み しいたけは粗みじん切りにする。
2 ボウルにひき肉、1、Aを入れて混ぜ合わせる。
3 翌朝 しゅうまいの皮で2を包む。
4 フライパンにサラダ油を薄くひき、3を並べる。中火にかけ、軽く色がついたら水を加えて蓋をし、7～8分蒸し焼きにする。

ひき肉を使ったおかずはリーズナブルな上、旨みもたっぷりでふんわりとした食感があり、お弁当におすすめです。夜仕込みして、朝は焼くだけがラク！

厚揚げで作ると型崩れ防止になってお弁当に◎

## 厚揚げ麻婆

材料（1～2食分）
豚ひき肉…50g
厚揚げ…½枚
長ねぎ…¼本
A 砂糖・オイスターソース…各小さじ1
　豆板醤・鶏がらスープの素…各小さじ½
すりおろししょうが・すりおろしにんにく…各小さじ1
ごま油…小さじ1
水溶き片栗粉…片栗粉小さじ½＋水小さじ1

作り方

1 夜仕込み 厚揚げは1.5～2cm角に切り、長ねぎはみじん切りにする。 Aは混ぜ合わせる。
2 翌朝 フライパンにごま油、すりおろししょうが、すりおろしにんにく、長ねぎの半量を弱火で熱し、炒める。ひき肉を加えて中火にし、さらに炒める。ポロポロになったら厚揚げ、Aを加えて1分ほど煮る。
3 残りの長ねぎ、水溶き片栗粉を加え、とろみがつくまで煮る。

カロリー 137 kcal
たんぱく質 8.3g

ひき肉で最大限のガッツリ感を!

## サイコロステーキ

材料（1～2食分）
牛ひき肉…150g
塩・こしょう…各少々
片栗粉…大さじ½
焼肉のタレ…大さじ2

作り方

1 夜仕込み ひき肉に塩、こしょう、片栗粉を混ぜ合わせ、ひき肉の入っていた容器（または保存容器）に入れて上から押さえ、平らにならす。
2 翌朝 1を2cm角に切り、フッ素樹脂加工のフライパンで焼く。ひき肉に火が通ったら、焼肉のタレを加えてからめる。

おすすめ！サブおかず

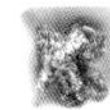
アスパラガスのペッパーチーズ和え →P90

おからサラダ →P99

カロリー 225 kcal
たんぱく質 13.6g

カロリー 409kcal　たんぱく質 33.2g　保存期間 冷蔵 3日　保存期間 冷凍 1ヶ月

ガブッとかぶりついたら、中からチーズがとろーり！

# チキンチーズカツ

材料（3～4食分）

鶏むね肉…2枚
塩…小さじ½
こしょう…少々
ピザ用チーズ…60g
小麦粉・パン粉・揚げ油…各適量
溶き卵…1個分

作り方

1 鶏肉は筋を取り除いて4等分に切り、厚み半分のところに切り込みを入れる。塩、こしょうをまぶしたら、切り込みにピザ用チーズを挟み、小麦粉、溶き卵、パン粉の順にまぶす。
2 1つずつラップで包み、保存袋に入れて冷蔵、または冷凍保存する（2日以内に使わない場合は冷凍）。
3 フライパンに2cm深さの揚げ油を入れて180度に熱し、2を上下を返しながら4～5分揚げる（冷凍しない場合も同様の時間揚げる）。揚げてから冷蔵保存する場合は、オーブントースターで温め直す。

衣をつけて冷蔵、もしくは冷凍保存しておくと、当日は揚げるだけだからラク！

カロリー 135kcal　たんぱく質 21.3g　保存期間 冷蔵 4日　保存期間 冷凍 1ヶ月

しっかりめについた塩味でしっとりおいしい！

# ゆで鶏

材料（4～5食分）

鶏むね肉…2枚
水…600㎖
塩・砂糖…各大さじ1

作り方

1 鶏肉は水けをよく拭き取っておく。
2 鍋に水、塩、砂糖を入れて火にかけ、沸騰したら1の鶏肉を入れる。再び沸騰したら5分加熱し、火を止めてそのまま冷ます（中心温度75度で1分以上加熱する）。
3 保存容器に鶏肉、ゆで汁を入れて保存する。

お弁当のおかずにするときは、薄切りにしたり、ほぐして使って！

**おすすめ！サブおかず**

スナップえんどうの梅和え→P90

のりチーズワンタン→P94

鶏むね肉は高たんぱく、低脂質で、筋力アップや、減量したい場合にも◎。ジューシーな鶏もも肉にはしっかり味をつけて、作りおきしておけば、あとは詰めるだけ！

カロリー 224kcal　たんぱく質 13.9g　保存期間 冷蔵 4日　保存期間 冷凍 1ヶ月

ジューシーなもも肉にトマトの酸味でさっぱり!

## チキンのトマト煮

材料（3〜4食分）
鶏もも肉…大1枚
塩・こしょう…各適量
小麦粉…大さじ½
にんにく（つぶす）…1かけ分
赤唐辛子…1本
オリーブ油…大さじ1
玉ねぎ（薄切り）…½個分
A カットトマト缶…1缶
　はちみつ…大さじ1
　顆粒ブイヨン…大さじ½
　水…200㎖

作り方
1 鶏肉は一口大に切り、塩・こしょう各少々、小麦粉をまぶす。
2 フライパンににんにく、赤唐辛子、オリーブ油を入れて弱火にかけ、香りが出たら1を皮目から焼く。
3 2に玉ねぎを加え、しんなりしてきたらAを加え、12〜15分煮る。塩・こしょう各適量で味をととのえる。

カロリー 355kcal　たんぱく質 22.2g　保存期間 冷蔵 4日　保存期間 冷凍 1ヶ月

ジャムを使って手軽にオレンジ風味に。脱マンネリ!

## オレンジ照り焼きチキン

材料（4食分）
鶏もも肉…2枚
塩・こしょう…各少々
小麦粉…小さじ2
A マーマレードジャム…大さじ4
　しょうゆ・酒・みりん…各大さじ1

作り方
1 鶏肉は筋を取り除いて半分に切り、塩、こしょう、小麦粉をまぶす。
2 フッ素樹脂加工のフライパンを中火で熱し、1を皮目から焼く。4分ほど焼いたら上下を返し、さらに4分ほど焼く。Aを加えて照りがつくまで焼き上げる。

Point
マーマレードジャムがなければ、りんごジャムやはちみつでもOK。
手軽に照りと香りがつくからおすすめです。

カロリー 348 kcal　たんぱく質 11.0g　保存期間 冷蔵 4日　保存期間 冷凍 1ヶ月

豚バラのコクとしょうがの風味で味わい深いおかず

## 豚バラと大根のしょうが煮

材料（3～4食分）

豚バラブロック肉…300g
大根…400g
しょうが（せん切り）…1かけ分
A しょうゆ・みりん…各大さじ2と½
　砂糖・酒…各大さじ1
水…300㎖

作り方

1 豚肉は1㎝厚さに切る。大根は皮をむき、1㎝厚さのいちょう切りにする。
2 鍋に1を入れ、ひたひたの水（分量外）を加え、10分ほどゆでて、ゆでこぼす。
3 鍋に豚肉、大根を戻し入れ、しょうが、A、水を加えて蓋をし、弱火で10～15分煮る。

カロリー 268 kcal　たんぱく質 14.4g　保存期間 冷蔵 4日　保存期間 冷凍 1ヶ月

深みのあるカレーバター味がたまらない！

## カレーバターポークチャップ

材料（3～4食分）

豚肉（とんかつ用）…3枚（300g）
塩・こしょう…各適量
片栗粉…大さじ1
ヤングコーン（水煮）…6本
A トマトケチャップ…大さじ3
　とんかつソース・酒…各大さじ1
　はちみつ・カレー粉…各小さじ1
　バター…10g

作り方

1 豚肉は3㎝四方に切り、塩、こしょう、片栗粉をまぶす。
2 フッ素樹脂加工のフライパンを中火で熱し、1を焼き、半分に切ったヤングコーンを加えて炒める。 Aを加えて全体にからめる。

おすすめ！サブおかず

グリーンピースとベーコンのレンチン煮→P90

カリフラワーのチーズ和え→P99

たんぱく質を多く含む食材はよく噛むことで消化がスムーズになり、効率よく吸収されます。
とんかつ用やカレー用の豚肉は噛みごたえがあるので必然的に咀嚼を促してくれます。

シンプルな味つけも、たっぷりのごまで味の深みが増す!

## 豚のごま焼き

材料（2～3食分）

豚もも薄切り肉…8枚
塩・こしょう…各適量
水溶き小麦粉…小麦粉大さじ2＋水大さじ3
白いりごま・黒いりごま…各適量

作り方

1 豚肉は塩、こしょうをしっかりめにまぶす。片面に水溶き小麦粉をぬり、混ぜ合わせた白いりごま、黒いりごまをまぶす。
2 オーブントースターの天板にアルミホイルをしき、1をのせ、6～7分焼く

Point

水溶き小麦粉を豚肉の表面につけることで、ごまがはがれにくくなります。オーブントースターで焼くのもコツ。

カロリー 266 kcal　たんぱく質 14.7g　保存期間 冷蔵 3日　保存期間 冷凍 1ヶ月

甘酢をたっぷりからめておいしい!

## 豚の甘酢あん

材料（3～4食分）

豚肉（カレー用）
…300g
塩・こしょう…各少々
片栗粉…大さじ½
玉ねぎ…½個
サラダ油…適量
A トマトケチャップ…大さじ3
水…大さじ1
砂糖・酢・しょうゆ・みりん
…各小さじ2
グリーンピース（冷凍）…大さじ1
水溶き片栗粉…小さじ1
（片栗粉小さじ1＋水大さじ1）

作り方

1 豚肉は塩、こしょう、片栗粉をまぶす。玉ねぎは1.5㎝四方に切る。
2 フライパンにサラダ油を中火で熱し、1を炒める。豚肉に火が通ったら Aを加える。ふつふつとしてきたらグリーンピース、水溶き片栗粉を加え、とろみがつくまで炒め合わせる。

カロリー 155kcal　たんぱく質 10.9g　保存期間 冷蔵 5日　保存期間 冷凍 1ヶ月

ごはんに混ぜておにぎりにするアレンジも◎

# 牛ごぼう

材料（3～4食分）

牛こま切れ肉…200g
ごぼう…1本
サラダ油…適量
すりおろししょうが…小さじ1
A 酒・みりん…各大さじ2
　しょうゆ・砂糖…各大さじ1

作り方

1 ごぼうはささがきにする。
2 フライパンにサラダ油を中火で熱し、1、すりおろししょうがを1～2分炒める。牛肉を加え、色が変わるまで炒める。
3 2にAを加え、汁けがなくなるまで炒める。

**Point**

そのままお弁当のおかずはもちろん、ごはんにのせて牛丼にしたり、溶き卵でとじるのもおすすめ。

カロリー 171kcal　たんぱく質 14.4g　保存期間 冷蔵 4日　保存期間 冷凍 1ヶ月

ガツンときいた辛味とみそがあと引く味に！

# 牛肉となすのコチュみそ炒め

材料（2～3食分）

牛こま切れ肉…200g
なす…2本
サラダ油…大さじ1
A コチュジャン・みりん…各大さじ1
　みそ・しょうゆ・酒…各小さじ1

作り方

1 なすは乱切りにする。
2 フライパンにサラダ油を中火で熱し、1を炒める。焼き色がつき、しんなりしたら一度取り出す。
3 同じフライパンに牛肉を入れ、色が変わったら2を戻し入れ、Aを加えて炒め合わせる。

おすすめ！サブおかず

黄ミニトマトのごま和え→P87

かぶの昆布茶和え→P99

たんぱく質はこまめに摂取することが大切。作りおきは、お弁当に詰めるのはもちろん、朝、夕に足りない分を補うのにも◎。
牛肉のおかずは、ごはんにのせて丼にすればあっという間に一品です。

きのこの旨みを生かすシンプルな塩味で

## 牛肉ときのこの塩炒め

材料（3～4食分）
牛もも薄切り肉…250g
しめじ・まいたけ…各100g
ごま油…小さじ2
鶏がらスープの素…小さじ1
塩・粗びき黒こしょう…各適量

作り方
1 しめじ、まいたけは小房に分ける。
2 フライパンにごま油を中火で熱し、牛肉、1を炒める。鶏がらスープの素を加えて混ぜ合わせたら、塩で味をととのえ、粗びき黒こしょうをふる。

おすすめ！サブおかず

ラディッシュのしょうが和え→P83

ゆで卵のみそチーズ焼き→P87

五香粉（ごこうふん）を使って一気に異国の味わいに！

## 牛肉の台湾煮

材料（2～4食分）
牛肉（カレー用）…300g
サラダ油…適量
A しょうゆ・酒…各大さじ2
　砂糖…大さじ1
　すりおろしにんにく・すりおろししょうが・五香粉…各小さじ1
水…200㎖
ゆで卵…4個

作り方
1 フライパンにサラダ油を中火で熱し、牛肉を炒める。色が変わったら A、水を加え、蓋をする。途中、水が足りなくなったら少しずつ足し入れ、やわらかくなるまで弱火で20～25分煮る。
2 保存容器に煮汁ごとの1、殻をむいたゆで卵を入れて30分以上漬ける。

Point
ゆで卵はかためにゆでて、そのまま煮汁につければ、味玉も簡単に。牛肉はやわらかくなるまで、じっくり煮ること。

\1個分/

カロリー 178kcal　たんぱく質 11.0g　保存期間 冷蔵 4日　保存期間 冷凍 1ヶ月

油揚げからジュワッとしみ出る煮汁が美味!

# 油揚げの肉詰め煮

材料（8個分）

豚ひき肉…200g
油揚げ…4枚
長ねぎ（みじん切り）…½本分
すりおろししょうが…小さじ1
A しょうゆ・酒・みりん…各大さじ2
　砂糖…大さじ1
　水…300mℓ
スパゲッティ（乾燥）…適量

作り方

1 油揚げは横半分に切り、袋状にする。
2 ボウルにひき肉、長ねぎ、すりおろししょうがを入れてよくこね、1に詰めて乾燥のスパゲッティを楊枝代わりにして袋の口をとじる。
3 鍋に2を並べ、Aを入れて中火にかけ、沸騰したら7～8分煮る。

Point
しっかりとした味が好みの場合、煮詰めて汁けを減らすと濃い味になるので、調節を。

\1個分/

カロリー 198kcal　たんぱく質 9.9g　保存期間 冷蔵 4日　保存期間 冷凍 1ヶ月

肉汁をギュッと閉じ込めて大満足の揚げ物おかず

# メンチカツ

材料（8個分）

合いびき肉…300g
玉ねぎ（みじん切り）…¼個分
A 塩・こしょう・ナツメグ（あれば）…各少々
　溶き卵…1個分
　パン粉…大さじ2
小麦粉・パン粉…各適量
溶き卵…1～2個分
揚げ油…適量

作り方

1 ボウルにひき肉、玉ねぎ、Aを入れてよくこねる。8等分にして成形し、小麦粉、溶き卵、パン粉の順にまぶす。
2 フライパンに3cm深さの揚げ油を入れて180度に熱し、1を片面3分ずつ揚げる。

おすすめ！サブおかず

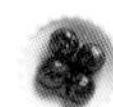
ミニトマトのはちみつレモン和え→P82

キャベツと青じその和風コールスロー→P88

ひき肉を使ったおかずは作りおきがおすすめ。油揚げに詰めたり、ハンバーグ風にしておけば、メインのおかずに仕上がります。味がなじみやすく、成形もしやすいので、とても便利な食材です。

2つの食感が同時に楽しめる!

## しいたけバーグの ポン酢バターソース

材料（10個分）

- 鶏ひき肉…200g
- しいたけ…10枚
- 長ねぎ…½本
- 塩・こしょう…各少々
- 溶き卵…1個分
- パン粉…大さじ3
- 片栗粉…適量
- バター…10g
- ポン酢しょうゆ…大さじ2〜3

作り方

1. しいたけは軸を切り落とし、軸はみじん切りにする。長ねぎはみじん切りにする。
2. ボウルにひき肉、しいたけの軸、長ねぎ、塩、こしょう、溶き卵、パン粉を入れてよくこねる。
3. しいたけのカサの裏に片栗粉をまぶし、2を詰める。
4. フッ素樹脂加工のフライパンに3を肉だね側から焼き、両面焼く。バター、ポン酢しょうゆを加え、全体にからめて軽く煮詰める。

根菜がゴロゴロで噛み応え◎、パスタやごはんに

## 根菜ミートソース

材料（3〜4食分）

- 合いびき肉…200g
- ごぼう…½本
- 玉ねぎ…½個
- にんじん…½本
- にんにく…1かけ
- オリーブ油…大さじ1
- A トマトカット缶…1缶
  - 顆粒ブイヨン・砂糖…各大さじ1
  - ローリエ（あれば）…1枚
  - 水…200㎖
- 塩・こしょう…各適量

作り方

1. ごぼう、玉ねぎ、にんじんは粗みじん切りにし、にんにくはみじん切りにする。
2. フライパンにオリーブ油を中火で熱し、1を2分ほど炒める。ひき肉を加えてさらに炒め、ポロポロになったらAを加えて15〜20分煮詰める。塩、こしょうで味をととのえる。

**Point**

トマトケチャップ大さじ2を加えるとさらに濃厚な味わいに。カレー粉を加えてドライカレーにしても◎。

カロリー 101kcal　たんぱく質 6.1g　6分!

ピリッとした辛味が食欲そそる!

## 牛肉とにらのレンジチャプチェ

材料（1～2食分）

牛こま切れ肉…50g
にら…20g
長ねぎ…¼本
A 焼肉のタレ…大さじ2
　豆板醤…小さじ½
小分け春雨…2個(16g)
水…80㎖

作り方

1 にら、長ねぎは、キッチンバサミでざく切りにする。
2 耐熱容器に牛肉、混ぜ合わせたAを入れ、春雨、1、水を加え、ラップをかけ、電子レンジで3分加熱する。
3 一度取り出してかき混ぜ、さらに1～2分加熱する。

まな板を使わずにパパッと一品!

## キャベツと豚のさっと煮

材料（1～2食分）

豚バラ薄切り肉…150g
キャベツ…60g
A 水…120㎖
　白だし…大さじ2
塩・こしょう…各適量

作り方

1 鍋にAを入れて中火にかけ、豚肉をキッチンバサミで切りながら加え、キャベツをちぎりながら加える。
2 キャベツがくたっとするまで煮たら、塩、こしょうで味をととのえる。

カロリー 325kcal　たんぱく質 11.4g　5分!

カロリー 76kcal　たんぱく質 6.2g　2分!

ガツンとラー油をきかせて!

## ねぎチャーラー油和え

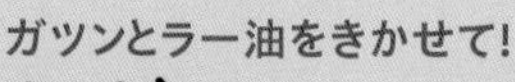

材料（1～2食分）

チャーシュー（市販）…60g
長ねぎ…⅓本
A しょうゆ…小さじ½
　鶏がらスープの素…小さじ¼
　ラー油…少々

作り方

1 チャーシューは1㎝幅に切る。長ねぎは白髪ねぎにする。
2 ボウルに1を入れ、Aを加えて和える。

薄切り肉や肉加工品は火が通りやすいので、忙しい朝には助かる時短食材。さっと煮は焦げる心配が少ないから、ほかのものと並行して作れます。市販のチャーシューもストックしておくと、火を使わずに一品作れて◎。

ごはんの上にのせて焼肉弁当に！

## 牛肉の甘みそ焼き

材料（1～2食分）

牛肉（焼肉用）…150g

A みそ…小さじ2
　みりん・酒・しょうゆ・砂糖…各小さじ1
　すりおろしにんにく…少々

白いりごま…適量

作り方

1 フッ素樹脂加工のフライパンを中火で熱し、牛肉を入れて焼く。

2 火が通ってきたら、Aを加えて炒め合わせ、白いりごまをふる。

カロリー 281 kcal　たんぱく質 11.4g　3分！

ふわふわのはんぺんにベーコンの旨みがマッチ

## はんぺんのベーコン巻き

材料（6個分）

ベーコン…3枚

はんぺん…1枚

作り方

1 ベーコンは4～5㎝長さに切る。はんぺんは縦半分、横3等分の6等分に切る。

2 1の切ったベーコン1枚に、切ったはんぺん1個をのせて巻く。これを6個作る。

3 フライパンを中火に熱し、2の巻きとじを下にして入れ、ベーコンに火が通るように転がしながら焼く。

＼1個分／ カロリー 28 kcal　たんぱく質 1.5g　3分！

さっぱりとした副菜にもしっかりささみのたんぱく質を

## 鶏ささみときゅうりのザーサイ和え

材料（1～2食分）

鶏ささみ…2本

A 塩・こしょう…各少々
　酒…小さじ1

きゅうり…1本

ザーサイ…20g

B ごま油…小さじ1
　鶏がらスープの素…小さじ⅓

作り方

1 耐熱容器に筋を取り除いた鶏ささみを入れ、Aをもみ込む。ラップをかけ、電子レンジで2～3分加熱し、粗熱がとれたら手で割く。

2 きゅうりは細切りにし、ザーサイは細かく刻む。

3 ボウルに1、2を入れ、Bを加えて和える。

カロリー 88 kcal　たんぱく質 15.2g　5分！

バターとコーンの相性は間違いなし！

## ウインナーとコーンとほうれん草のソテー

材料（1～2食分）

ウインナーソーセージ…2～3本
バター…5g
ほうれん草(冷凍)…30g
コーン…大さじ1
しょうゆ…小さじ½
塩・こしょう…各少々

作り方

1 ウインナーソーセージは輪切りにする。
2 フライパンにバターを中火で熱し、1、ほうれん草、コーンを炒める。しょうゆを加え、塩、こしょうで味をととのえる。

カロリー 101 kcal　たんぱく質 3.4g　3分！

油揚げは旨みたっぷり。冷めてもおいしい！

## 油揚げのクロックムッシュ

材料（4個分）

ハム…4枚
油揚げ…2枚
スライスチーズ…4枚
しょうゆ…適量

作り方

1 油揚げは半分に切り、袋状にする。スライスチーズ、ハムは横半分に切る。
2 油揚げの中にスライスチーズ、ハムを順に重ねて4層にして入れる。
3 オーブントースターの天板に2を並べ、軽くしょうゆをまぶし、チーズが溶けるまで焼く。

1個分
カロリー 139 kcal　たんぱく質 9.5g　6分！

かわいい見た目でお弁当に彩りを

## ハムチーズときゅうりのくるくる巻き

材料（4個分）

ハム…2枚
きゅうり…適量(4枚)
スライスチーズ…2枚

作り方

1 きゅうりは縦にピーラーで薄切りにし、ハム、スライスチーズは半分に切る。
2 きゅうりの薄切りを2枚並べ、ハム、スライスチーズをのせて端から巻く。もうひと組を同様に作り、半分に切る。

1個分
カロリー 28 kcal　たんぱく質 2.2g　2分！

ウインナーとハムもアレンジが無限に広がります。もちろんただ焼いて詰めるだけでも立派なお弁当おかずですが、チーズと合わせればたんぱく質をプラスでき、ほうれん草や豆苗を合わせれば、お弁当の彩りがよくなるのでおすすめです。

さっぱりとしたサラダとしてたっぷり詰めこんで！

## ハムと豆苗の塩和え

材料（1〜2食分）

ハム…2枚
豆苗…50g
塩…適量
ごま油・白いりごま
…各小さじ1

作り方

1 ハムは細切りにし、豆苗は根元を切り落とす。
2 耐熱容器に1を入れ、ラップをかけ電子レンジで1分30秒加熱する。
3 2に塩、ごま油、白いりごまを加えて和える。

カロリー 52 kcal　たんぱく質 3.0g　2分！

＼1本分／
カロリー 79 kcal　たんぱく質 4.0g　3分！

ありそうでなかったアイディアおかず！

## ウインナーチーズドッグ

材料（3本分）

ウインナーソーセージ
…3本
プロセスチーズ…適量

作り方

1 ウインナーソーセージは縦に切り込みを入れる。プロセスチーズはウインナーソーセージの切り込みに入れやすい大きさに切り、挟む。
2 オーブントースターの天板に2を並べ、チーズが溶けるまで焼く。

揚げずに焼いて時短に！

## ウインナーの磯部焼き

材料（4本分）

ウインナーソーセージ
…4本
天ぷら粉・水…各大さじ1
青のり…少々
サラダ油…適量

作り方

1 ボウルに天ぷら粉、水、青のりを入れて混ぜ合わせ、ウインナーソーセージをくぐらせる。
2 フライパンにサラダ油を中火で熱し、1を転がしながら火を通す。

＼1本分／
カロリー 67 kcal　たんぱく質 2.0g　5分！

カロリー 286 kcal　たんぱく質 31.2g

ふわふわの鮭が絶品！ 高たんぱくなのも◎

# 鮭チーズピカタ

材料（1食分）

生鮭（切り身）…1切れ
塩…少々
スライスチーズ…1枚
青じそ…1～2枚
小麦粉…適量
溶き卵…1個分
オリーブ油…適量
トマトケチャップ…適宜

＼夜仕込み／

作り方

1 夜仕込み 生鮭は3等分に切り、塩をふる。スライスチーズは3等分に切り、青じそは半分～3等分にちぎる。
2 生鮭の厚み半分に切り込みを入れ、スライスチーズ、青じそを挟む。
3 翌朝 2に小麦粉をまぶし、溶き卵にくぐらせる。
4 フライパンにオリーブ油を中火で熱し、3を焼く。溶き卵に再度くぐらせて焼くを繰り返し、ふっくらと火を通す。お好みでトマトケチャップをかける。

カロリー 124 kcal　たんぱく質 12.6g

ピリッと辛いソースがおいしい！

# えびチリ

材料（1～2食分）

えび…8尾
片栗粉…小さじ1
長ねぎ…¼本
A トマトケチャップ…大さじ2
　しょうゆ・砂糖…各小さじ½
　鶏がらスープの素…小さじ¼
　水…50㎖
B ごま油…小さじ2
　すりおろしにんにく・すりおろししょうが…各小さじ1
豆板醤…小さじ½

＼夜仕込み／

作り方

1 夜仕込み えびは背ワタを取り除き、片栗粉（分量外）をもみ込み、水で洗い流し、水けを拭き取る。長ねぎはみじん切りにし、Aは混ぜ合わせる。
2 翌朝 フライパンにB、長ねぎの半量を入れ、弱火にかける。香りが出たら豆板醤、えびを加えて中火で炒め、えびに火が通ったらAを加えて軽く煮る。
3 残りの長ねぎに片栗粉をまぶして2に加え、とろみがつくまで炒め合わせる。

たんぱく質とは、いくつものアミノ酸がつながって構成されたもの。食材が異なれば、そのアミノ酸の種類も変わってくるので、偏ることなく摂取することが大切です。魚介類にも豊富なたんぱく質が含まれているので、しっかり取り入れましょう。

甘辛ダレで淡白なかじきをしっかり味に

## かじきのみそ焼き

材料（1食分）

かじきまぐろ（切り身）…1切れ
塩…少々
サラダ油…適量
A みそ…大さじ½
　みりん・砂糖…各小さじ1
白いりごま…適量

＼夜仕込み／

作り方

1 夜仕込み かじきまぐろは塩をふり、サラダ油を薄くぬったアルミホイルの上にのせる。Aは混ぜ合わせる。
2 翌朝 オーブントースターの天板にアルミホイルごとかじきまぐろをのせ、Aをぬる。白いりごまをふり、5～6分焼く。

Point

朝焼くときは、かじきの水けをよく拭き取ること。混ぜ合わせたAをぬり、トースターに入れてほったらかしでOK。

カロリー 211 kcal　たんぱく質 20.7g

はんぺんでお財布にうれしいカサ増し術！

## えびカツ

材料（6個分）

むきえび…120g
はんぺん…120g
A 片栗粉…大さじ1と½
　マヨネーズ…大さじ1
　塩・こしょう…各少々
小麦粉・溶き卵・パン粉・揚げ油…各適量

＼夜仕込み／

作り方

1 夜仕込み むきえびは包丁でたたき、ミンチにする。はんぺんはすり鉢やマッシャーでつぶす。
2 ボウルに1、Aを入れて混ぜ合わせ、6等分にして成形する。小麦粉、溶き卵、パン粉の順にまぶす。
3 翌朝 フライパンに少なめの油を入れて180度に熱し、2を揚げる。

おすすめ！サブおかず

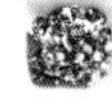

キドニービーンズのカッテージチーズ和え→P83

きゅうりのしょうが和え→P91

＼1個分／

カロリー 128 kcal　たんぱく質 7.5g

カロリー 124kcal たんぱく質 13.7g 保存期間 冷蔵 3〜4日 保存期間 冷凍 2週間

1個分

カロリー 158kcal たんぱく質 11.5g 保存期間 冷蔵 3〜4日 保存期間 冷凍 1ヶ月

疲れが溜まった体に酸味がうれしい

## 白身魚の南蛮漬け

材料（3〜4食分）

白身魚…3〜4切れ(300g)
酒…大さじ1
片栗粉…適量
揚げ油…適量
玉ねぎ…¼個
にんじん…30g
ピーマン…2個

A 酢…大さじ5
しょうゆ・みりん・砂糖…各大さじ2
赤唐辛子(輪切り)…1本分
水…大さじ4

揚げ油…適量

作り方

1 白身魚は一口大に切り、酒をふり、片栗粉をまぶす。
2 フライパンに2㎝深さの揚げ油を入れて180度に熱し、1を揚げる。
3 玉ねぎは繊維を断つように薄切りにし、水にさらして水けをきる。にんじん、ピーマンは細切りにする。
4 耐熱容器にAを入れ、ラップはかけずに、電子レンジで3分加熱する。
5 4に2、3を入れて10分以上漬ける。

ごはんと最高に合うおかず。みそダレはたっぷりと！

## さばのみそ煮

材料（8個分）

真さば…2尾分(3枚おろし4枚分)
A みそ・みりん…各大さじ4
砂糖…大さじ3
しょうゆ…小さじ1
しょうが(細切り)…1かけ分
水…200㎖

作り方

1 真さばは半分に切る。骨があれば取り除き、皮に十字の切り込みを入れる。ザルにのせて熱湯をかける。
2 フライパンにAを入れ、1の皮目を上にして入れ、落とし蓋をして弱火で10〜12分煮る。落とし蓋を外し、煮汁に軽くとろみがつくまで中火で煮詰める。

おすすめ！サブおかず

かぼちゃのごま焼き →P87

かぶの昆布茶和え →P99

さばやぶりには、たんぱく質の代謝を促すビタミンB6が豊富なので積極的に取り入れたい食材。切り身魚は使いやすくお弁当のおかずにぴったりです。お弁当に入れるので、しっかりとした味つけやフライにして、生臭さを抑えると◎。

1個分

カロリー 189 kcal　たんぱく質 12.0g　保存期間 冷蔵 2~3日　保存期間 冷凍 1ヶ月

厚みがあっても中はふんわりのボリュームおかず

## ぶりの磯辺カツ

材料（8個分）

ぶり…4切れ
塩…少々
小麦粉・溶き卵・パン粉・青のり・揚げ油…各適量

作り方

1 ぶりは半分に切り、塩をふる。数分おいたらペーパータオルで水けを拭き取る。
2 1を小麦粉、溶き卵、青のりを混ぜたパン粉の順にまぶし、1切れずつラップに包んで冷凍保存する。
3 フライパンに2cm深さの揚げ油を入れて180度に熱し、2を5分ほど揚げる（冷凍しない場合も同様の時間揚げる）。揚げてから冷蔵保存する場合は、オーブントースターで温め直す。

Point

冷凍保存ができるので、まとめて作っておくとラク。衣に青のりをプラスして香りづけに。

カロリー 249 kcal　たんぱく質 20.3g　保存期間 冷蔵 3日　保存期間 冷凍 2週間

骨がないから食べやすい人気のかじきを使って

## かじきの甘酢

材料（3～4食分）

かじきまぐろ（切り身）…4切れ
塩・こしょう・片栗粉…各適量
ピーマン…2個
赤パプリカ…½個
玉ねぎ…½個
サラダ油…大さじ2
A トマトケチャップ…大さじ3
　酢・砂糖・しょうゆ・みりん…各小さじ2
　水…大さじ2
水溶き片栗粉…小さじ1
（片栗粉小さじ1＋水小さじ2）

作り方

1 かじきまぐろは一口大に切り、塩、こしょう、片栗粉をまぶす。ピーマン、赤パプリカ、玉ねぎは乱切りにする。
2 フライパンにサラダ油大さじ1を中火で熱し、かじきまぐろを焼く。火が通ったら一度取り出す。
3 2のフライパンにサラダ油大さじ1を足し入れ、ピーマン、赤パプリカ、玉ねぎを炒める。玉ねぎが透き通ってきたら2を戻入れ、Aを加えてさっと全体に混ぜ合わせる。水溶き片栗粉を加え、とろみをつける。

カロリー 104 kcal　たんぱく質 10.6g　5分!

シーフードミックスで手軽に旨みたっぷりおかず!

## シーフードミックスの旨煮

材料（1～2食分）

シーフードミックス（解凍）
…100g
白菜…150g
ごま油…小さじ2
A オイスターソース・酒
…各小さじ1
砂糖・鶏がらスープの素
…各小さじ½
水…100mℓ
水溶き片栗粉
…片栗粉小さじ1＋水小さじ2

作り方

1 白菜はちぎる。
2 フライパンにごま油を中火で熱し、シーフードミックスを炒め、1を加えてさらに炒める。
3 2にAを加え、1～2分炒めたら、水溶き片栗粉を加えてとろみをつける。

カレー味でごはんがすすむ! 缶詰でカルシウムもバッチリ

## さば缶とピーマンのカレー炒め

材料（1～2食分）

さば水煮缶…½缶
ピーマン…1個
サラダ油…適量
A めんつゆ（3倍濃縮）
…小さじ1
カレー粉…小さじ½
塩・粗びき黒こしょう
…各適量

作り方

1 さば缶はほぐし、ピーマンは切り込みを入れて手で割き、種を取り除く。
2 フライパンにサラダ油を中火で熱し、ピーマンをさっと炒めたらさば缶を加えて炒める。
3 2にAを加えて炒め合わせ、塩、粗びき黒こしょうをふる。

カロリー 113 kcal　たんぱく質 10.8g　3分!

カロリー 201 kcal　たんぱく質 23.2g　5分!

コチュジャンでピリッと辛く、食欲を刺激!

## 鮭の甘辛焼き

材料（1食分）

生鮭（切り身）…1切れ
塩…少々
小麦粉・サラダ油・白いりごま
…各適量
A コチュジャン・めんつゆ（3倍濃縮）・みりん…各小さじ1

作り方

1 生鮭は塩をふり、数分おいたらペーパータオルで水けを拭き取る。3等分に切り、小麦粉をまぶす。
2 フライパンにサラダ油を中火で熱し、1を両面焼く。火が通ったら、Aを加えてからめる。白いりごまをふる。

冷凍のシーフードミックスや、さば缶、鮭フレークなど、保存のきく魚介の加工食品も数多くあります。バランスよく、さまざまなたんぱく質を取り入れるためにも、切り身魚にこだわらなくてもOK。火の通りを気にしなくていいのもメリット。

楊枝に刺して、パクパク食べやすい！

## えびマヨ焼き

材料（4本分）

むきえび…8尾
塩・こしょう・マヨネーズ
…各適量

作り方

1 むきえびに塩、こしょうをふり、2尾ずつ楊枝に刺す。楊枝が出ている部分にアルミホイルをかける。
2 オーブントースターの天板に1を並べ、マヨネーズをかけ、4～5分焼く。

＼1本分／
カロリー 45 kcal　たんぱく質 5.9 g　5分！

カロリー 16 kcal　たんぱく質 1.5 g　2分！

鮭フレークは味つけにも、たんぱく質摂取にもおすすめ！

## ほうれん草の鮭フレーク和え

材料（1～2食分）

鮭フレーク…大さじ1
ほうれん草（冷凍）
…60g
めんつゆ（3倍濃縮）
…小さじ½

作り方

1 耐熱容器にほうれん草を入れてラップをかけ、電子レンジで1分加熱する。
2 1に鮭フレーク、めんつゆを加えて混ぜ合わせる。

＼1個分／
カロリー 41 kcal　たんぱく質 2.3 g　3分！

青じそが爽やかに香る！魚肉ソーセージの食べ応えも◎

## 魚肉ソーセージと青じそのくるくる巻き

材料（4個分）

魚肉ソーセージ…1本
青じそ…4枚
サラダ油…小さじ1

作り方

1 魚肉ソーセージは縦4等分に切り、青じそは縦半分に切る。
2 魚肉ソーセージに青じそをのせ、端からくるくると巻き、楊枝で止める。
3 フライパンにサラダ油を中火で熱し、2をさっと焼く。

カロリー 166kcal　たんぱく質 7.1g　保存期間 冷蔵 5日　保存期間 冷凍 1ヶ月

カロリー 143kcal　たんぱく質 9.0g　保存期間 冷蔵 4～5日

トマト煮込みにみそを加えると深みが増して◎

## キドニービーンズのみそトマト煮

材料（2～4食分）

キドニービーンズ（水煮）…200g
玉ねぎ…1個
ピーマン…2個
オリーブ油…大さじ1
にんにく（みじん切り）…1かけ分
A トマトジュース（無塩）…400㎖
　みそ・はちみつ…各大さじ1
塩・こしょう…各適量

作り方

1 玉ねぎ、ピーマンは乱切りにする。
2 フライパンにオリーブ油を中火で熱し、にんにくを入れ、香りが出たら玉ねぎを加えて炒める。
3 2にキドニービーンズを加えて炒め、Aを加えたら7～8分煮る。ピーマンを加えてさらに1～2分煮て、汁けが少なくなってきたら塩、こしょうで味をととのえる。

甘辛くてほっとする和食おかず

## 豆とひじきのレンジ煮

材料（3～4食分）

大豆（水煮）…200g
芽ひじき（乾燥）…15g
にんじん…50g
ちくわ…3本
A めんつゆ（3倍濃縮）・みりん…各大さじ3
　砂糖…大さじ1
　水…200㎖

作り方

1 芽ひじきは水で戻し、にんじんは細切りにする。ちくわは輪切りにする。
2 フライパンに1、大豆、Aを入れ、中火で加熱し、ぐつぐつしてきたら弱火にし、5～6分煮る。そのまま冷ます。

おすすめ！メイン&サブおかず

さば缶とピーマンのカレー炒め→P70

アスパラガスのペッパーチーズ和え→P90

豆は植物性たんぱく質が豊富なので、肉や魚介といっしょにバランスよく取り入れましょう。卵はビタミンC、食物繊維を除く栄養素がすべて含まれているので、体づくりにはマストの食材。飽きないように、バリエーションの展開を意識して。

味玉はレパートリーが欠かせない!

## ソース煮卵

材料(6個分)

ゆで卵…6個

ウスターソース…150㎖

作り方

1 ゆで卵は殻をむく。

2 保存袋に1を入れ、ウスターソースを注ぎ入れ、全体がつかるようにする。冷蔵庫で2時間以上漬ける。

**Point**

保存袋は、漬けダレが少量ですむからおすすめ。全体がきれいに色づくように、ときどき向きを変えると◎。

かぼちゃの甘味を生かして、ボリューミーなおかず!

## かぼちゃオムレツ

材料(3~4食分)

溶き卵…4個分

かぼちゃ…正味200g

ベーコン…2枚

A 牛乳・粉チーズ…各大さじ1
　顆粒ブイヨン…小さじ½
　塩・こしょう…各適量

オリーブ油…大さじ1

作り方

1 かぼちゃは種、ワタを取り除き、2㎝四方に切る。ベーコンは細切りにする。

2 耐熱容器に1を入れてラップをかけ、電子レンジで2~3分加熱する。溶き卵、Aを加え、混ぜ合わせる。

3 直径20㎝のフライパンにオリーブ油を中火で熱し、2を流し入れ、軽く混ぜたら形をととのえる。蓋をして弱火で蒸し焼きにし、表面が乾いてきたら上下を返し、さらに焼く。食べやすい大きさに切る。

チーズの旨みを閉じ込めて！

## ぱったん卵

材料（1食分）

卵…1個
ハム…1枚
サラダ油・塩…各適量
ピザ用チーズ…大さじ1

作り方

1 ハムは細かく刻む。
2 フライパンにサラダ油を中火で熱し、卵を割り落とす。白身に火が通ったらヘラで黄身を割り、1、ピザ用チーズをのせて半分にたたむ。両面を焼いたら軽く塩をふる。

カロリー 122kcal　たんぱく質 8.9g　3分！

野菜の甘味を生かしたおかず

## ミックスベジ入りスクランブルエッグ

材料（1～2食分）

溶き卵…1個分
A マヨネーズ…小さじ1
　塩・こしょう…各適量
ミックスベジタブル…大さじ2

作り方

1 耐熱ボウルに溶き卵、Aを入れて混ぜる。ミックスベジタブルを加えてさらに混ぜ合わせる。
2 1にラップをかけ、電子レンジで50秒加熱する。一度取り出し、かき混ぜたらさらに20～30秒加熱し、かき混ぜる。

カロリー 59kcal　たんぱく質 3.5g　2分！

ごま油ににらのしっかり味がよく合う！

## チヂミ風卵焼き

材料（1～2食分）

溶き卵…2個分
塩・こしょう…各適量
ベーコン…1枚
にら…15g
ごま油…小さじ2

作り方

1 ベーコンは細切りにし、にらは4～5cm幅に切る。
2 ボウルに溶き卵、塩、こしょうを入れて混ぜる。
3 フライパンにごま油を中火で熱し、2を流し入れ、1をのせて焼く。上下を返し、火が通ったら食べやすい大きさに切る。

カロリー 128kcal　たんぱく質 6.9g　3分！

子どもが喜ぶハムとチーズの組み合わせのぱったん卵や、疲労回復を促すにらの入ったチヂミ風卵焼きは、多めに作って朝ごはんでもパクッと召し上がれ。ホクホクの大豆を入れたおかずは、満腹感もアップするので、ぜひ取り入れて。

豆の食感に塩が後引くおいしさ！

## ミックスビーンズのフリッター

材料（1～2食分）

ミックスビーンズ
（缶またはドライパック）
…大さじ5

A 小麦粉…大さじ1
片栗粉…小さじ2
塩…ひとつまみ
炭酸水…大さじ2

揚げ油・塩…各適量

作り方

1 ミックスビーンズは水で洗い、ペーパータオルで水けを拭き取る。
2 ボウルにAを合わせ、1を加えて混ぜ合わせる。
3 フライパンに揚げ油を入れて180度に熱し、スプーンで2をすくって落とし、揚げ焼きにする。火が通ったら油をきり、塩をふる。

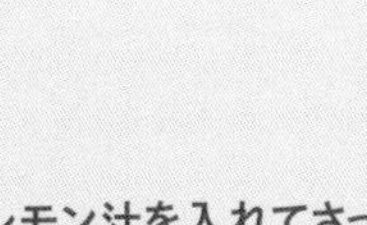

5分！

たんぱく質 5.7g　4分！

レモン汁を入れてさっぱりとした箸休めに

## 大豆ときゅうりのサラダ

材料（1～2食分）

大豆
（水煮またはドライパック）…50g

きゅうり…1本

塩…少々

A レモン汁…小さじ1
カッテージチーズ
…大さじ2
塩・こしょう…各適量

作り方

1 きゅうりは小さめの角切りにし、塩でもみ、水けをしぼる。
2 ボウルに1、大豆、Aを入れて混ぜ合わせる。

レンチンでラク！大豆のホクホク感が◎

## 大豆とわかめのレンチン煮

材料（1～2食分）

大豆（水煮またはドライパック）…50g

にんじん…20g

わかめ（乾燥）…2g

A めんつゆ（3倍濃縮）
…大さじ1
砂糖…小さじ½
水…大さじ2

作り方

1 にんじんはスライサーで細切りにする。
2 耐熱ボウルに大豆、わかめ、1、Aを入れてラップをかけ、電子レンジで2～3分加熱する。

たんぱく質 4.0g　5分！

Column 中高生アスリートにとって大切な水分補給は水やスポーツドリンクだけでなく、野菜の栄養も丸ごととれるスープでも取り入れましょう。試合の日のお弁当にもおすすめです。

水分補給にもおすすめ

# スープジャーレシピ

## ちゃんぽん風スープ

材料（1食分）

豚こま切れ肉・キャベツ
…各50g
玉ねぎ…⅛個
にんじん…20g
もやし…50g
サラダ油…小さじ2
鶏がらスープの素…大さじ½
水…150㎖
牛乳…100㎖
塩・こしょう…各適量
なると（薄切り）
…2～3枚
粗びき黒こしょう…適量

作り方

1 キャベツはざく切りにし、玉ねぎは薄切りにする。にんじんは短冊切りにする。
2 フライパンにサラダ油を中火で熱し、豚肉を炒める。1、もやしを加えて炒めたら、鶏がらスープの素、水を加えて煮立たせる。煮立ったら弱火にし、蓋をして数分煮る。
3 2の具材に火が通ったら、牛乳を加えてひと煮立ちさせ、塩、こしょうで味をととのえる。
4 スープジャーに3を注ぎ入れ、なるとをのせ、粗びき黒こしょうをふる。

## 肉団子スープ

材料（1食分）

合いびき肉…80g
A 玉ねぎ（みじん切り）
…⅛個分
塩・こしょう…各適量
パン粉…大さじ1
キャベツ…大1枚
ブロッコリー…50g
水…250㎖
顆粒ブイヨン
…大さじ½
塩・こしょう…各適量

作り方

1 キャベツはざく切りにし、ブロッコリーは小房に分ける。
2 ボウルにひき肉、Aを入れてよくこね、6等分にして丸める。
3 鍋に水、顆粒ブイヨンを入れて中火にかけ、煮立ったら2を入れて煮る。1を加え蓋をして、野菜がくったりとして火が通ったら、塩、こしょうで味をととのえる。
4 スープジャーに3を注ぎ入れる。

# おでんスープ

材料（1食分）

ちくわ…1本
こんにゃく…⅓枚
はんぺん…¼枚
ゆで卵…1個
さつま揚げ…1枚

A 白だし…大さじ1
しょうゆ・みりん
…各小さじ1
塩…ひとつまみ
水…200㎖

作り方

1 ちくわは斜め半分に切り、こんにゃく、はんぺんは三角に切る。
2 鍋にAを入れて中火にかけ、1、殻をむいたゆで卵、さつま揚げを入れ、5～6分煮る。
3 スープジャーに2を注ぎ入れる。

Point

寒い日に食べたいおでんスープ。ちくわやはんぺん、ゆで卵、さつま揚げでたんぱく質を補給できます。

カロリー 257 kcal　たんぱく質 22.7g

# ポトフ風スープ

材料（1食分）

にんじん…½本
じゃがいも…1個
玉ねぎ…¼個
さやいんげん…4本
ウインナーソーセージ
…2～3本
顆粒ブイヨン…小さじ2
水…400㎖
塩・こしょう…各適量

作り方

1 にんじんは皮をむいて一口大に切る。じゃがいも、玉ねぎは皮をむき、半分に切る。さやいんげんはヘタを取り除き、半分に切る。
2 鍋にウインナーソーセージ、1、顆粒ブイヨン、水を入れて蓋をし、中火で煮る。沸騰してきたら弱火にし、にんじん、じゃがいもに串が通るくらいの固さになるまで煮込み、塩、こしょうで味をととのえる。
3 スープジャーに2を注ぎ入れる。

Point

前日の夜に作っておき、翌朝温めて、アツアツのうちにスープジャーに入れて。寒い日の補食にもピッタリ。

カロリー 273 kcal　たんぱく質 9.5g

Column

# ピリ辛豚汁

みんな大好きな豚汁に、
辛味を加えて食欲増進！

材料（1食分）

豚バラ薄切り肉…50g
にんじん…30g
絹ごし豆腐・こんにゃく・大根…各60g
ごま油…大さじ½
しょうが（せん切り）…½かけ分
豆板醤…小さじ1
A 鶏がらスープの素…小さじ½
　水…300mℓ
みそ…小さじ2
小ねぎ（小口切り）…適量

作り方

1 豚肉、豆腐は食べやすい大きさに切る。にんじん、大根はいちょう切りにし、こんにゃくは短冊切りにする。
2 鍋にごま油を弱火で熱し、しょうが、豆板醤を炒める。1、Aを加えて中火で煮る。野菜に火が通ったら豆腐を加え、ひと煮立ちしたらみそを溶き入れる。
3 スープジャーに2を注ぎ入れ、小ねぎを散らす。

**Point**

豚肉と野菜たっぷりの具だくさんみそ汁。しょうがと豆板醤を加えることで、身体を温めるポカポカスープに。

カロリー 342kcal　たんぱく質 12.6g

蓋を開けたら
ナンプラーの香りが
ふわっと漂う

# エスニックかき玉スープ

材料（1食分）

長ねぎ…50g
にら…20g
A 鶏がらスープの素…小さじ½
　水…250mℓ
ナンプラー…大さじ½
レモン汁…小さじ1
溶き卵…1個分
塩・粗びき黒こしょう…各適量

作り方

1 長ねぎは斜め薄切りにし、にらはざく切りにする。
2 鍋にA、1を入れて中火で煮る。ナンプラー、レモン汁を加え、溶き卵を回し入れてかき玉にしたら、塩、粗びき黒こしょうで味をととのえる。
3 スープジャーに2を注ぎ入れる。

**Point**

ビタミンB1が豊富なにらと長ねぎで疲労回復。溶き卵を加えてたんぱく質もプラス。おにぎりと練習後の補食に◎。

カロリー 101kcal　たんぱく質 8.2g

# サンラータン風スープ

材料（1食分）

豚バラ薄切り肉・しめじ・絹ごし豆腐…各50g
しいたけ…1枚
たけのこ（水煮）…30g
A 鶏がらスープの素・しょうゆ…各小さじ1
水…250㎖
溶き卵…1個分
水溶き片栗粉…片栗粉大さじ½＋水大さじ1
酢…小さじ2
塩・粗びき黒こしょう・ラー油…各適量

作り方

1 豚肉は食べやすい大きさに切る。しめじは小房に分け、しいたけ、たけのこは薄切りにする。
2 鍋にA、1を入れ、中火で煮る。アクが出てきたら取り除き、食べやすい大きさに切った豆腐を加え、沸騰したら溶き卵を回し入れる。
3 2に水溶き片栗粉を加えて煮て、とろみが出てきたら酢を加え、塩、粗びき黒こしょうで味をととのえる。
4 スープジャーに3を注ぎ入れ、粗びき黒こしょう、ラー油をかける。

# 豆乳坦々スープ

材料（1食分）

豚ひき肉…70g
にら…30g
もやし…100g
ごま油・豆板醤…各小さじ1
すりおろしにんにく・すりおろししょうが…各小さじ½
A 鶏がらスープの素…小さじ1
豆乳…200㎖
水…50㎖
みそ…大さじ½
白すりごま…小さじ1
ラー油…適量

作り方

1 にらはざく切りにする。
2 鍋にごま油を中火で熱し、豆板醤、ひき肉を炒める。ひき肉の色が変わったら、すりおろしにんにく、すりおろししょうが、1、もやしを加えてさっと炒める。
3 2にAを加えて混ぜながら2分ほど煮たら、みそ、白すりごまを加えて混ぜる。
4 スープジャーに3を注ぎ入れ、ラー油をかける。

カロリー 105 kcal　たんぱく質 1.3g　保存期間 冷蔵 4~5日　保存期間 冷凍 1ヶ月

お弁当がパッと華やかになる彩り抜群の作りおき

## 赤野菜のラタトゥイユ

材料（4～5食分）

赤パプリカ…2個
トマト…1個
さつまいも…200g
A トマトケチャップ…大さじ2
　砂糖・オリーブ油…各大さじ1
　顆粒コンソメ…小さじ1
塩・こしょう…各適量

作り方

1 赤パプリカは種、ワタを取り除き2cm角に切る。トマト、さつまいもは2cm角に切る。
2 耐熱容器に1、Aを入れて混ぜ、ラップをかけ、電子レンジで6分加熱する。一度取り出して混ぜ、さらに4～5分加熱する。塩、こしょうで味をととのえ、冷まして味をなじませる。

カロリー 56 kcal　たんぱく質 1.1g　保存期間 冷蔵 4~5日　保存期間 冷凍 1ヶ月

肉厚なパプリカの甘味を引き出す塩味が◎

## パプリカの塩きんぴら

材料（3～4食分）

赤パプリカ…3個
ごま油…大さじ1
A 鶏がらスープの素…小さじ2
　赤唐辛子(輪切り)…1本分
塩・こしょう…各適量

作り方

1 赤パプリカは種、ワタを取り除き、細切りにする。
2 フライパンにごま油を中火で熱し、1を1～2分炒める。Aを加えて炒め合わせ、塩、こしょうで味をととのえる。

**Point**

パプリカに豊富に含まれるビタミンCは、骨や腱を構成するコラーゲンに生成に役立ちます。作りおきで手軽に補給を。

赤いおかずは、お弁当の彩りを明るくしてくれるので、茶色いおかずが多い時の救世主。パプリカやにんじんにはβ－カロテン、ビタミンCが豊富で、さつまいもは糖質も豊富なので、運動量の多いスポーツの子どものお弁当に積極的に取り入れましょう。

カロリー 131 kcal　たんぱく質 1.3g　保存期間 冷蔵 4～5日　保存期間 冷凍 1ヶ月

さつまいもはレンチン加熱でやわらかくておいしい!

## さつまいもとレーズンのレンチン甘煮

材料（4～5食分）

さつまいも…1～2本(300g)
レーズン…大さじ3
A 砂糖…大さじ2
しょうゆ…小さじ2
塩…少々
水…150㎖

作り方

1 さつまいもは小さめの乱切りにし、水に10分ほどさらして水けをきる。
2 耐熱容器に1、レーズン、Aを入れ、ラップをかけ、電子レンジで5～6分加熱する。そのまま冷まして味をなじませる。

Point

エネルギー源として大切な炭水化物とビタミンCが豊富なさつまいもの甘煮は、まとめて作りおくと、お弁当に大活躍。

カロリー 108 kcal　たんぱく質 1.5g　保存期間 冷蔵 4～5日　保存期間 冷凍 1ヶ月

あんずのやさしい甘さが広がる

## キャロットラペ

材料（4～6食分）

にんじん…2本
塩…小さじ½
干しあんず…6個
レーズン…大さじ3
A 酢…大さじ4
オリーブ油…大さじ2
砂糖…小さじ1
こしょう…少々

作り方

1 にんじんはスライサーなどでせん切りにし、塩をもみ込み、しんなりしたら水けをしぼる。干しあんずは刻む。
2 ボウルに1、レーズン、Aを入れて混ぜ合わせる。

コロンとかわいい!

## ミニトマトのベーコン焼き

材料（4個分）
ミニトマト…4個
ベーコン…1枚

作り方
1 ベーコンは4等分の十字に切る。ヘタを取り除いたミニトマトに巻き、楊枝で止める。
2 フッ素樹脂加工のフライパンを中火に熱し、1をさっと焼く。

1個分
カロリー 15 kcal
たんぱく質 0.5g
4分!

レモンの香りがほんのり爽やか

## ミニトマトのはちみつレモン和え

材料（2食分）
ミニトマト…8個
A レモン汁・はちみつ
…各小さじ2
塩・こしょう…各少々

作り方
1 ミニトマトは十字に切り込みを入れる。
2 ボウルに1、Aを入れて和える。

カロリー 42 kcal
たんぱく質 0.7g
2分!

マヨネーズと七味の後引く味わい!

## にんじんのマヨ七味和え

材料（1～2食分）
にんじん…60g
塩…少々
マヨネーズ…大さじ1
七味唐辛子…適量

作り方
1 にんじんはスライサーでせん切りにし、塩でもむ。
2 ボウルに1、マヨネーズを入れて和え、七味唐辛子をふる。

カロリー 51 kcal
たんぱく質 0.4g
2分!

コロンとかわいいミニトマトには、疲労回復に効果的なリコピンが含まれています。運動後にミニトマトのはちみつレモン和えをパクッと食べるのもおすすめ。植物性たんぱく質がとれるキドニービーンズも、水煮を使えばパパッと作れて便利。

すし酢の甘味にしょうがのアクセントが◎

## ラディッシュのしょうが和え

材料（1〜2食分）

ラディッシュ…6個
しょうが…½かけ
すし酢…大さじ2

作り方

1 ラディッシュは半分に切り、しょうがはせん切りにする。
2 ボウルに1、すし酢を入れて和える。

カロリー 16 kcal　たんぱく質 0.3g　2分!

塩とこしょうのシンプルな味つけで

## キドニービーンズのカッテージチーズ和え

材料（1〜2食分）

キドニービーンズ（水煮）…60g
カッテージチーズ…大さじ1
塩・こしょう…各適量

作り方

ボウルに水けをきったキドニービーンズ、カッテージチーズを入れて混ぜ、塩、こしょうで味をととのえる。

カロリー 46 kcal　たんぱく質 3.8g　1分!

かつお節としょうゆの和風仕立て

## 赤パプリカのおかか和え

材料（1〜2食分）

赤パプリカ…½個
かつお節…2g
しょうゆ…小さじ1弱

作り方

1 赤パプリカは細切りにする。
2 耐熱ボウルに1を入れてラップをかけ、電子レンジで1分加熱する。かつお節、しょうゆを加えて和える。

カロリー 15 kcal　たんぱく質 1.4g　2分!

1個分

カロリー 63kcal　たんぱく質 1.2g　保存期間 冷蔵 4〜5日　保存期間 冷凍 1ヶ月

カロリー 40kcal　たんぱく質 2.4g　保存期間 冷蔵 4〜5日

ねっとりした甘さにバターがきいておいしい！

## かぼちゃの茶巾

材料（8個分）

かぼちゃ…正味300g

A バター…10g
　砂糖…大さじ½
　塩…小さじ½

くるみ…8個

作り方

1 かぼちゃは皮、種、ワタを取り除き、一口大に切る。
2 耐熱容器に1を入れ、ラップをかけ、電子レンジで3〜4分加熱する。
3 2が熱いうちにつぶし、Aを加えて混ぜる。8等分にしてそれぞれラップで包み、丸めて形をととのえる。ラップを外し、くるみをのせる。

ごはんがすすむしっかりカレー味

## うずらのカレー煮卵

材料（4〜6食分）

うずらの卵（水煮）…12個

A めんつゆ（3倍濃縮）…大さじ4
　みりん…大さじ2
　水…大さじ1
　カレー粉…小さじ½

作り方

保存袋にAを入れて混ぜ合わせ、うずらの卵を加えて漬ける。

おすすめ！メイン&サブおかず

キャベツと豚のさっと煮→P62

赤野菜のラタトゥイユ→P80

かぼちゃの甘味を堪能できる茶巾は、糖質量のアップにもおやつ感覚で食べられて◎。パプリカとヤングコーンの浅漬けは、ポリポリとしたリズミカルな食感で、さっぱりといただけます。緑黄色野菜の摂取には、ミックスベジタブルが便利！

ヤングコーンがポリポリ楽しい!

## パプリカとヤングコーンの浅漬け

材料（4～6食分）

黄パプリカ…2個
ヤングコーン（水煮）…10本
A 白だし…大さじ4
　赤唐辛子（輪切り）…1本分
　水…120㎖

作り方

1 黄パプリカは種、ワタを取り除き、細切りにする。
2 保存袋にAを入れて混ぜ合わせ、1、ヤングコーンを加えて漬ける。

かわいい見た目だけじゃない! 具沢山の大満足おかず

## ミックスベジタブルのカップキッシュ

材料（6個分）

ミックスベジタブル…大さじ3
玉ねぎ…½個
ミニトマト…6個
バター…10g
A 溶き卵…3個分
　ピザ用チーズ…50g
塩・こしょう…各適量
粉チーズ…適量

作り方

1 玉ねぎは薄切りにし、ミニトマトは半分に切る。
2 耐熱ボウルにミックスベジタブル、玉ねぎ、バターを入れ、ラップをかけ、電子レンジで1分30秒～2分加熱する。
3 2にAを加えて混ぜ、塩、こしょうで味をととのえる。
4 アルミカップに3を流し入れ、ミニトマトをのせ、粉チーズをふり、オーブントースターで7～8分焼く。

Point

ミックスベジタブルの代わりにしめじを入れるのもおすすめ。

ビタミンC　ビタミンE　食物繊維

カレー粉でパパッと味つけ!

## 黄パプリカのカレーソテー

材料（2〜3食分）

黄パプリカ…1個
バター…5g
カレー粉…小さじ½
しょうゆ…小さじ1

作り方

1 黄パプリカは種、ワタを取り除き、1.5㎝四方に切る。
2 フライパンにバターを中火で熱し、1をさっと炒める。カレー粉、しょうゆを加えて混ぜ合わせる。

カロリー 26 kcal　たんぱく質 0.5g　2分!

カリッとチーズにコーンの甘味で子どもウケ抜群!

## コーンのチーズ焼き

材料（2食分）

コーン…大さじ3
ピザ用チーズ…30g

作り方

フッ素樹脂加工のフライパンを中火で熱し、ピザ用チーズを直径3〜4㎝になるように入れ、コーンをのせる。ピザ用チーズが溶けて軽く色づいたら、クッキングシートの上にのせて冷ます。

カロリー 65 kcal　たんぱく質 3.9g　3分!

ポリッとしたヤングコーンの食感がやみつきに!

## ヤングコーンのカレー風味天ぷら

材料（1〜2食分）

ヤングコーン（水煮）…5〜6本
A 天ぷら粉・水…各大さじ1
　カレー粉…小さじ¼
サラダ油…適量

作り方

1 ボウルにAを混ぜ合わせ、ヤングコーンをまぶす。
2 フライパンに少なめのサラダ油を中火で熱し、1を揚げ焼きにする。

カロリー 47 kcal　たんぱく質 1.1g　4分!

コーンには糖分をエネルギーに変えるビタミンB1が含まれるので、中高生のアスリートの体づくりにはシャキシャキとジューシーなコーンをぜひおかずに取り入れて。ゆで卵も、ちょっとしたアレンジで食べ応えバッチリな一品に。

甘い黄ミニトマトにごまのコクがマッチ

## 黄ミニトマトのごま和え

材料（1～2食分）

黄ミニトマト…8個

A 白すりごま…大さじ1
　めんつゆ（3倍濃縮）・砂糖
　…各小さじ1

作り方

1 黄ミニトマトは半分に切る。

2 ボウルに1、Aを入れ、和える。

カロリー 37 kcal　たんぱく質 1.4g　1分！

甘みそがごはんによく合う！

## ゆで卵のみそチーズ焼き

材料（1～2食分）

ゆで卵…1個

A みりん・みそ
　…各小さじ½

ピザ用チーズ…適量

作り方

1 殻をむいたゆで卵は半分に切る。

2 アルミカップに1をのせ、混ぜ合わせたA、ピザ用チーズをのせる。

3 オーブントースターの天板に2を並べ、3～4分焼く。

カロリー 63 kcal　たんぱく質 5.0g　15分！

薄く切れば、お弁当の隙間に詰め込みやすい！

## かぼちゃのごま焼き

材料（1～2食分）

かぼちゃ…80g

ごま油…大さじ1

めんつゆ（3倍濃縮）・みりん
　…各小さじ2

白いりごま…小さじ1

作り方

1 かぼちゃは5～6㎜厚さ、3㎝長さに切る。

2 フライパンにごま油を中火で熱し、1を両面焼く。焼き色がついたらめんつゆ、みりんを加えてからめ、白いりごまを加えて和える。

カロリー 112 kcal　たんぱく質 1.3g　4分！

カロリー 49kcal たんぱく質 1.2g 保存期間 冷蔵 4~5日

青じそが入って爽やかな香りが◎

# キャベツと青じその和風コールスロー

材料（4～6食分）

キャベツ…300g
塩…小さじ½
青じそ…8枚
グリーンピース（冷凍）…大さじ4
A ポン酢しょうゆ・マヨネーズ・ごま油…各大さじ1

作り方

1 キャベツは細切りにし、塩をもみ込み、水けが出たらしぼる。青じそはちぎる。
2 ボウルに1、グリーンピース、Aを入れて和える。

**Point**

部活弁当のガッツリおかずには、さっぱりとしたサラダを添えて。ポン酢マヨで、キャベツがモリモリ食べられます。

カロリー 33kcal たんぱく質 1.8g 保存期間 冷蔵 3~4日 保存期間 冷凍 2週間

チンゲン菜とごま油の相性抜群!

# チンゲン菜と桜えびの中華炒め

材料（4～6食分）

チンゲン菜…2袋（4株）
ごま油…大さじ1
桜えび…大さじ2
A 赤唐辛子（輪切り）…1本分
オイスターソース…大さじ1
鶏がらスープの素…小さじ½

作り方

1 チンゲン菜は葉と茎に分け、葉はざく切り、茎は縦四つ切りにする。
2 フライパンにごま油を中火で熱し、1の茎を入れて炒める。1の葉、桜えびを加えてさっと炒めたら、Aを加えて炒め合わせる。

おすすめ！メイン&サブおかず

牛肉とにらのレンジチャプチェ→P62

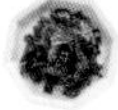
わかめのナムル→P94

お弁当の彩りとして入れたい緑色のおかずは、キャベツやブロッコリーなど、身近な食材を常備しておくと便利。
チンゲン菜はごま油との相性が抜群で、食欲をそそる中華風に。アスパラガスはポリポリとした食感で咀嚼を促します。

カロリー 30kcal　たんぱく質 3.0g　保存期間 冷蔵 3~4日　保存期間 冷凍 2週間

じゃこの旨みがジュワッとしみてて美味

## ブロッコリーのじゃこ炒め

材料（4～6食分）

ブロッコリー（冷凍）…200g
ごま油…小さじ2
ちりめんじゃこ…大さじ3
しょうゆ…小さじ1

作り方

フライパンにごま油を中火で熱し、ちりめんじゃこを炒める。ブロッコリーを加えてさっと炒めたら、しょうゆを加えてからめる。

**Point**

β−カロテン、ビタミンC、カルシウム補給にピッタリのサブおかず。ちりめんじゃこに豊富なビタミンDは骨の強化に。

カロリー 13kcal　たんぱく質 0.8g　保存期間 冷蔵 4~5日

太めのアスパラを使って歯ごたえのあるおかずに

## 焼きアスパラガスのだし漬け

材料（4～6食分）

グリーンアスパラガス…8～10本
サラダ油…小さじ1
A 白だし…大さじ2
　しょうゆ…小さじ2
　水…150㎖

作り方

1 アスパラガスは根元の固い部分とハカマを取り除く。
2 フライパンにサラダ油を中火で熱し、1を転がしながら1～2分焼く。
3 保存容器にAを入れ、2を漬ける。

**Point**

アスパラガスには、疲労回復効果のあるアスパラギン酸が豊富。エネルギー源となるグリコーゲンの生成を促進。

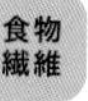

レンチンでジューシーなグリーンピースのおかず!

## グリーンピースとベーコンのレンチン煮

材料（1～2食分）

グリーンピース（冷凍）…30g
ベーコン…½枚
顆粒ブイヨン…小さじ½
水…大さじ1と½

作り方

耐熱容器にグリーンピースを入れ、ベーコンはキッチンバサミで6～7㎜幅に切りながら入れる。顆粒ブイヨン、水を加えてラップをかけ、電子レンジで1分30秒加熱する。

カロリー 24 kcal　たんぱく質 1.2 g　2分!

スナップえんどうのパリパリ食感が楽しい!もウケ抜群!

## スナップえんどうの梅和え

材料（2食分）

スナップえんどう…10～12本
梅干し（種を取り除きたたく）…大さじ½
砂糖…小さじ½

作り方

1 スナップえんどうは筋を取り除き、さっと塩ゆでする。
2 ボウルに1、梅干し、砂糖を入れて和える。

カロリー 32 kcal　たんぱく質 1.8 g　5分!

粉チーズでパパッとコクをプラス!

## アスパラガスのペッパーチーズ和え

材料（2食分）

グリーンアスパラガス…3～4本
粉チーズ…小さじ2
粗びき黒こしょう・塩…各適量

作り方

1 アスパラガスは根元の固い部分とハカマを取り除き、塩ゆでし、3～4㎝長さに切る。
2 ボウルに1、粉チーズ、粗びき黒こしょうを入れて和え、塩で味をととのえる。

カロリー 15 kcal　たんぱく質 1.7 g　5分!

緑の野菜に、ベーコンやチーズ、卵などでたんぱく質をオン！ 食べ応えと栄養面の両方をアップさせて。 きゅうりはさっぱりとしているので、箸休めにピッタリです。ピーマンは美肌効果もあるので、肌トラブルに悩む思春期の子どもにおすすめです。

ピーマンの香ばしさをお弁当箱に詰め込んで

## ピーマンのピカタ

材料（1～2食分）

ピーマン…2個
小麦粉・オリーブ油・塩…各適量
溶き卵…1個分

作り方

1 ピーマンは縦4等分に切り、種、ワタを取り除き、小麦粉をまぶす。
2 フライパンにオリーブ油を中火で熱し、1を溶き卵にさっとくぐらせて焼く。溶き卵に再度くぐらせて焼くを繰り返し、ふっくらと火を通す。軽く塩をふる。

カロリー 65kcal　たんぱく質 3.4g　5分！

せん切りしょうががキリッと決まっておいしい！

## きゅうりのしょうが和え

材料（2食分）

きゅうり…1本
しょうが…⅓かけ
A 酢・しょうゆ・砂糖…各小さじ1
　塩・ラー油…各少々

作り方

1 きゅうりは蛇腹に切り、しょうがはせん切りにする。
2 ボウルに1、Aを入れて和える。

カロリー 28kcal　たんぱく質 0.8g　4分！

たんぱく質やミネラルが豊富なごまで風味づけ！

## たたききゅうりのナムル

材料（2人分）

きゅうり…1本
A 鶏がらスープの素・ごま油…各小さじ1
白いりごま…適量

作り方

1 きゅうりは麺棒などでたたいて乱切りにする。
2 ポリ袋に1、Aを入れてもみ込み、白いりごまをふる。

カロリー 30kcal　たんぱく質 0.8g　2分！

カロリー 43kcal　たんぱく質 0.9g　保存期間 冷蔵 4~5日　保存期間 冷凍 2週間

カロリー 45kcal　たんぱく質 2.6g　保存期間 冷蔵 4~5日　保存期間 冷凍 1ヶ月

しっかりとした噛み応え。食物繊維もたっぷり!

# ごぼうのみそ煮

材料（4～6食分）

ごぼう…1本
ごま油…大さじ1
A みそ・砂糖…各大さじ2
　めんつゆ(3倍濃縮)…大さじ1
　赤唐辛子(輪切り)…1本分
　水…200mℓ

作り方

1 ごぼうは斜め薄切りにする。
2 フライパンにごま油を中火で熱し、1を炒める。油が回ったらAを加えて蓋をし、15分ほど煮る。蓋を外し、汁けを軽く煮詰める。

Point

ごぼうには食物繊維が豊富に含まれ、便秘予防に効果的。噛み応えがあり、食べ過ぎを防ぐので減量時にもおすすめ。

海藻をおかずにして、栄養バランスアップ

# ひじきとさつま揚げの煮物

材料（4～6食分）

芽ひじき(乾燥)…15g
さつま揚げ…2枚(100g)
A しょうゆ・砂糖・みりん・酒…各大さじ1
　水…150mℓ

作り方

1 芽ひじきは水で戻し、水けをしぼる。さつま揚げは薄切りにする。
2 フッ素樹脂加工のフライパンを中火に熱し、1、Aを入れる。汁けが少なくなるまで、5～6分煮る。

おすすめ！メイン&サブおかず

鶏ささみときゅうりのザーサイ和え→P63

ほうれん草の鮭フレーク和え→P71

豊富なミネラルを含むひじきは、食物繊維が豊富で、骨づくりに欠かせないカルシウムも補給できます。
食物繊維が豊富なごぼうやビタミンDを含むきのこ、皮に抗酸化作用のあるなすを取り入れてコンディションをととのえましょう。

カロリー 50kcal　たんぱく質 0.9g　保存期間 冷蔵 3~4日　保存期間 冷凍 1ヶ月

味つけは2つだけなのに激ウマ!

## なすの豆板醤和え

材料（4～6食分）

なす…4本
サラダ油…大さじ2
A 豆板醤・しょうゆ…各小さじ2

作り方

1 なすは縦6等分に切り、長さを半分に切る。
2 フライパンにサラダ油を中火で熱し、1を転がしながら2～3分焼く。しんなりしてきたらAを加えて混ぜ合わせる。

**Point**

なすを焼く前に、水けをしっかり拭くこと。皮ごと調理して、抗酸化作用を取り入れて、コンディションを整えて。

おすすめ！メイン&サブおかず

えびマヨ焼き
→P71

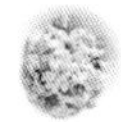
ミックスベジ入り
スクランブルエッグ
→P74

カロリー 38kcal　たんぱく質 1.2g　保存期間 冷蔵 3~4日

旨みたっぷりのきのこを食欲そそるソース味でまとめて

## きのことしらたきのソース炒め

材料（4～6食分）

まいたけ…200g
しめじ…100g
しらたき（アク抜き済み）…1袋
サラダ油…小さじ2
中濃ソース…大さじ3
塩・こしょう…各適量

作り方

1 しらたきは食べやすい長さに切り、まいたけ、しめじは小房に分ける。
2 フッ素樹脂加工のフライパンを中火に熱し、しらたきを炒めて水分を飛ばす。
3 2のしらたきを端に寄せ、サラダ油を中火で熱し、まいたけ、しめじを炒める。しらたきと混ぜ合わせ、中濃ソースを加え、汁けを飛ばしながら炒める。塩、こしょうで味をととのえる。

**Point**

便秘の予防や改善にピッタリの作りおき。きのことしらたきで、腸内環境を整えます。えのきだけやしいたけでもOK。

冷凍しておいて、朝は揚げるだけでも◎

## のりチーズワンタン

材料（4個分）

ワンタンの皮…4枚
プロセスチーズ
…1.5㎝四方×5㎝長さ4本
焼きのり
…2㎝幅×5㎝長さ4枚
水溶き小麦粉
…小麦粉・水各小さじ½
揚げ油…適量

作り方

1 ワンタンの皮にプロセスチーズをのせ、両端と巻き閉じになる部分に水溶き小麦粉をぬる。端からチーズを包むようにしてたたんで閉じたらのりを巻く。
2 フライパンに少なめの揚げ油を入れて180度で熱し、1を揚げ焼きにする。

1個分
カロリー 40kcal　たんぱく質 1.7g　5分！

しいたけの旨みをシンプルにいかして

## しいたけのみそマヨ焼き

材料（3個分）

しいたけ…3枚
みそ…小さじ1弱
マヨネーズ…適量

作り方

1 しいたけは軸を取り除き、カサの裏にみそをぬり、マヨネーズをのせる。
2 オーブントースターの天板に1を並べ、4～5分焼く。

1個分
カロリー 36kcal　たんぱく質 1.0g　15分！

しっかり水けをしぼると味がよくなじむ！

## わかめのナムル

材料（1～2食分）

わかめ（乾燥）…4g
A 鶏がらスープの素…小さじ½
　白すりごま・ごま油…各小さじ1

作り方

1 わかめは水で戻し、水けをしぼる。
2 ボウルに1、Aを入れ、和える。

カロリー 29kcal　たんぱく質 0.6g　15分！

噛めば噛むほど旨みがジュワッとしみ出るしいたけのみそ焼きやマッシュルームフリッター。きのこはカルシウムの吸収を助けるビタミンDが豊富なので、成長期には欠かせません。なすは黒ごまと和えて、コク深い味わいに。

こってりバターにさっぱりポン酢がよく合う!

## まいたけのバタポン

材料（1～2食分）

まいたけ…100g
バター…5g
ポン酢しょうゆ…大さじ1
塩・こしょう…各適量

作り方

1 まいたけは小房に分ける。
2 フライパンにバターを中火で熱し、1を炒める。ポン酢しょうゆを加えてさっと混ぜ合わせ、塩、こしょうで味をととのえる。

カロリー 34kcal　たんぱく質 1.3g　3分!

油を吸わせたなすの旨みがたまらない!

## なすの黒ごま和え

材料（2食分）

なす…1本
サラダ油…大さじ½
A 黒すりごま…大さじ1
　しょうゆ・砂糖各小さじ1

作り方

1 なすは乱切りにする。
2 耐熱容器に1を入れ、サラダ油をまぶしてラップをかけ、電子レンジで1分30秒加熱する。なすがしんなりしたらAを加えて和える。

カロリー 76kcal　たんぱく質 1.4g　3分!

炭酸水を使ってサクッと食感アップ!

## マッシュルームフリッター

材料（2食分）

マッシュルーム（ブラウン）
　…6～8個
A 小麦粉…大さじ2
　片栗粉…大さじ1
　炭酸水…50㎖
　塩…少々
揚げ油・塩…各適量

作り方

1 混ぜ合わせたAにマッシュルームをくぐらせる。
2 フライパンに少なめの揚げ油を入れて中火で熱し、1を揚げ焼きにし、塩をふる。

カロリー 109kcal　たんぱく質 2.5g　6分!

お酢でさっぱりとした箸休めに

## かぶの千枚漬け風

材料（4～6食分）

かぶ…3～4個(300g)
昆布(乾燥)…1㎝
A 酢・砂糖…各大さじ4
塩…小さじ1
赤唐辛子(輪切り)…1本分

作り方

1 かぶは皮をむき、薄い輪切りにする。昆布は水で戻し、キッチンバサミで細切りにする。
2 保存容器にAを入れて混ぜ合わせ、1を加えて1時間以上漬ける。

**Point**

こってり味のおかずに添えてさっぱりと。酢漬けなので、疲労回復効果も期待できます。

なめらかなじゃがいも×明太子で止まらないおいしさ

## たらもサラダ

材料（4～6食分）

じゃがいも…3個
明太子…1腹
マヨネーズ…大さじ3
塩・こしょう…各適量

作り方

1 じゃがいもは皮をむいて一口大に切り、ゆでる。やわらかくなったらゆで汁を捨て、水分を飛ばしたら、火を止めてつぶす。
2 1が熱いうちにほぐした明太子を加えて混ぜ、マヨネーズを加えて和える。塩、こしょうで味をととのえる。

おすすめ！メイン&サブおかず

牛ごぼう
→P58

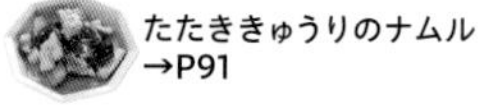
たたききゅうりのナムル
→P91

かぶやじゃがいも、カリフラワー、大根などの白い野菜には、ビタミンCが豊富に含まれているので、基礎体力と競技力向上のためにも積極的に取り入れて。たんぱく質の食材といっしょに食べて、筋力アップにつなげましょう。

カロリー 38kcal　たんぱく質 1.2g　保存期間 冷蔵3～4日

すし酢とマスタードでマイルドな酸味

## カリフラワーのマスタードマリネ

材料（4～6食分）

カリフラワー…1株

A すし酢（市販）…大さじ4
　粒マスタード・オリーブ油…各大さじ1

作り方

1 カリフラワーは小房に分け、かためにゆでる。

2 保存容器にAを入れ、熱いうちに1を入れ、30分以上漬ける。

**Point**

すし酢があれば、マリネも簡単。カリフラワーに豊富に含まれるビタミンC補給に。

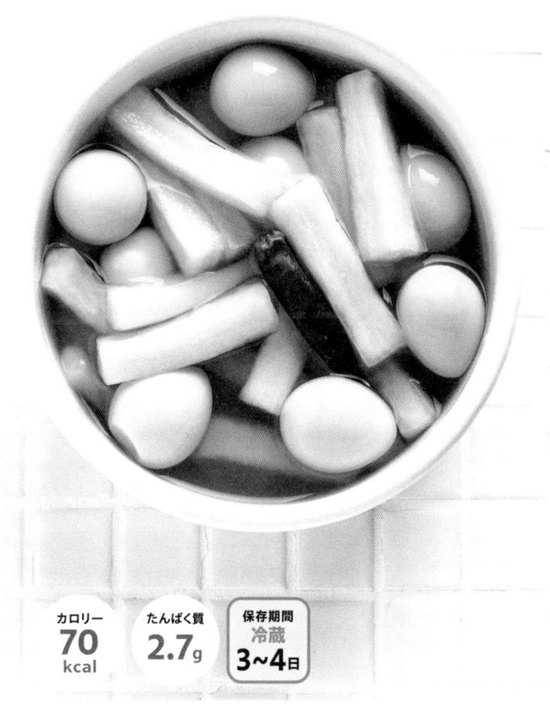

カロリー 70kcal　たんぱく質 2.7g　保存期間 冷蔵3～4日

お弁当にほどよく、ナンプラーをかすかに香らせて

## うずらの卵と大根のエスニック甘酢漬け

材料（4～6食分）

大根…250g

塩…小さじ½

うずらの卵（水煮）…12個

A ナンプラー・はちみつ…各大さじ2
　砂糖…大さじ1
　レモン汁…小さじ1
　赤唐辛子（輪切り）…1本分
　水…大さじ4

作り方

1 大根は1cm角の4～5cm長さの棒状切り、塩をもみ込む。5分ほどおき、水分が出たら水けをきる。

2 ポリ袋に1、うずらの卵、Aを入れて1時間以上漬ける。

卵のたんぱく質もとれて、こってりおいしい!

## えのきカルボナーラ

材料（1～2食分）

えのきだけ…1袋
ベーコン…1枚
バター…5g
豆乳…50mℓ
顆粒ブイヨン…小さじ½
溶き卵…1個分
塩・こしょう…各適量

作り方

1 えのきだけは軸を切り落としてほぐし、ベーコンは細切りにする。
2 フライパンにバターを中火で熱し、1を炒める。豆乳、顆粒ブイヨンを加え、溶き卵を回しかけて火を通したら、塩、こしょうで味をととのえる。

カロリー 103kcal　たんぱく質 6.0g　4分!

淡白なもやしもツナと合わせて旨みのあるおかずに!

## もやしとツナのマリネ

材料（1～2食分）

もやし…½袋
ツナオイル漬け缶…½缶
A 酢・オリーブ油…各大さじ1
　塩・こしょう…各適量

作り方

1 耐熱容器にもやしを入れてラップをかけ、電子レンジで1分30秒～2分加熱する。
2 ボウルに1、ツナ缶、Aを入れて和える。

カロリー 120kcal　たんぱく質 4.8g　3分!

みそがしっかりからんで、ごはんがすすむ!

## 白菜のみそ和え

材料（2人分）

白菜…120g
塩…小さじ⅛
白みそ…大さじ1

作り方

白菜は芯は細切りにし、葉はざく切りにして塩でもみ、水けをしぼる。しんなりしたら白みそで和える。

カロリー 19kcal　たんぱく質 1.2g　3分!

あっさりとしがちな白い食材は、カルボナーラ風にしたり、ツナ缶を使ってこってりと仕上げることで、お弁当に入れても、ごはんのすすむおかずになります。おからはたんぱく質やカルシウム、食物繊維なども含まれ、栄養価に優れた食材です。

昆布茶で優しい味わいに

## かぶの昆布茶和え

材料（1～2食分）

かぶ…1個
昆布茶…小さじ1
白いりごま
…小さじ1

作り方

かぶは皮をむいて縦半分に切り、5㎜厚さに切ったら、昆布茶をもみ込み、白いりごまをまぶす。

カロリー 17 kcal　たんぱく質 0.6g　2分！

おからがしっとりと食べやすい！

## おからサラダ

材料（2食分）

おから…100g
ツナオイル漬け缶…½缶
大豆
（水煮またはドライパック）
…50g
A マヨネーズ…大さじ3
　塩・こしょう…各適量

作り方

1 耐熱容器におからを入れてラップはかけずに、電子レンジで2分ほど加熱する。
2 1にツナ缶、大豆を加えて混ぜ、Aを加えて味をととのえる。

カロリー 248 kcal　たんぱく質 10.1g　3分！

クセのないカッテージチーズで和えて！

## カリフラワーのチーズ和え

材料（2食分）

カリフラワー…60g
A カッテージチーズ…大さじ1
　塩・粗びき黒こしょう…各適量

作り方

1 カリフラワーは小房に分け、塩ゆでする。
2 ボウルに1、Aを入れて和える。

カロリー 16 kcal　たんぱく質 1.9g　3分！

Column

傷むのを防ぐ!

# お弁当の衛生のこと

お弁当は、常温で保管している時間が長いため、特に衛生管理には気をつけましょう。
食品の衛生管理の基本「つけない」「増やさない」「やっつける」です。

## つけない工夫

- 生野菜や果物は流水で十分に洗浄する（ミニトマトのへたはとるとよい）
- 生肉、魚を切るときは専用まな板を使用する
- 冷蔵庫などでの保管時、生肉・生魚の下に置かない
- 使用前のまな板・包丁にアルコールスプレーをする
- できあがり料理の傍で作業しない
- できあがり料理には直接、素手でさわらない。手に手袋をするか、トング・箸を使用する
- 手袋の上からもアルコールスプレーをする

## 増やさない工夫

- 盛りつけ前のお弁当箱にもアルコールスプレーをする
- できあがった料理はよく冷ましてから詰める
- 冷たいものは直前まで冷やしておく
- 保冷剤などを活用する
- 直射日光のあたるところ、暖房がきいたあたたかい部屋へお弁当を放置しない

## やっつける工夫は

- 加熱料理は中まで十分に加熱する
- 卵焼きやゆで卵は、半熟はNG
- ハムやかまぼこも火を通す
- 作りおきのおかずは必ず十分に再加熱する

Part4

-----

1食で
栄養満点！

# 1品完結！
# 主食レシピ

部活のエネルギー源となる炭水化物をメインに、
肉や魚介のたんぱく質、野菜のビタミン、ミネラル、食物繊維が
一気にとれる主食レシピ。１食でアスリートに必要な栄養素が取れるから、
あとは乳製品と果物を添えるだけでOK ！

カロリー 580 kcal　たんぱく質 15.5g　炭水化物 89.5g　保存期間 冷蔵 2~3日　保存期間 冷凍 1ヶ月

焼肉のタレで味つけも簡単!

## 焼肉炊き込みごはん

材料（2～3人分）
米…2合
牛肉（焼肉用）…160g
焼肉のタレ…大さじ5
鶏がらスープの素…大さじ½
にんじん（細切り）…40g
小ねぎ（小口切り）…適量

作り方
1 牛肉は食べやすい大きさに切り、焼肉のタレをもみ込む。
2 炊飯器の内釜に洗った米、1の漬けダレを入れ、分量の目盛りまでの水を注ぎ入れる。
3 2ににんじん、鶏がらスープの素、1の牛肉を加え、普通または炊き込みモードで炊く。
4 お弁当箱に3を詰め、小ねぎを散らす。

おすすめ! メイン&サブおかず

ハムとチーズときゅうりのくるくる巻き
→P64

ラディッシュのしょうが和え
→P83

カロリー 495 kcal　たんぱく質 18.8g　炭水化物 82.6g　保存期間 冷蔵 2~3日　保存期間 冷凍 1ヶ月

炊飯器にお任せで、おいしいチャーハンができる!

## 炊き込みチャーハン

材料（2～3人分）
米…2合
チャーシュー…120g
長ねぎ…1/2本
A 鶏がらスープの素…大さじ1
　しょうゆ・ごま油…各小さじ2
溶き卵…2個分
塩・粗びき黒こしょう…各適量

作り方
1 チャーシューは1㎝角に切り、長ねぎはみじん切りにする。
2 炊飯器の内釜に洗った米、Aを入れ、分量の目盛りまでの水を注ぎ入れる。1、溶き卵を加え、早炊きモードで炊く（なければ普通モードで炊く）。
3 塩、粗びき黒こしょうで味をととのえる。

**Point**

紅しょうががあれば、端に添えてあげると彩りもアップして◎。牛丼や焼きそばにも添えられるので、常備しておいても便利。

試合や練習の合間で食べることもあるお弁当。エネルギー源となる米と、肉や魚介類を合わせた炊き込みごはんは、一気に栄養補給ができるのでおすすめ。時間がないときや、休息をしっかり取りたいときでも、栄養は十分に補給しましょう。

持久力アップにおすすめのさつまいもがゴロゴロ!

## 鶏とさつまいもの炊き込みごはん

材料（2～3人分）

米…2合
鶏むね肉…150g
さつまいも…小1本
A しょうゆ・酒・みりん…各大さじ2
　砂糖…小さじ1
　和風顆粒だし…小さじ½
白いりごま…適量

作り方

1 鶏肉は小さめのそぎ切りにし、Aをもみ込んで1時間ほど漬ける。
2 さつまいもは1.5～2cm角に切り、10分ほど水にさらし、水けをきる。
3 炊飯器の内釜に洗った米、1の漬け汁を入れ、分量の目盛りまでの水を注ぎ入れる。2、1の鶏肉を加え、普通または炊き込みモードで炊く。
4 お弁当箱に3を詰め、白いりごまを散らす。

カロリー 556kcal　たんぱく質 19.1g　炭水化物 107.0g　保存期間 冷蔵 3~4日　保存期間 冷凍 1ヶ月

ピラフだって材料を入れてスイッチを押すだけ!

## えびの炊き込みピラフ

材料（2～3人分）

米…2合
玉ねぎ…¼個
ピーマン…2個
赤パプリカ…1個
むきえび(大) 120g
酒…大さじ1
A コンソメ…大さじ1
　塩…小さじ¼
バター…15g
塩・こしょう…各適量

作り方

1 玉ねぎはみじん切りにし、ピーマン、赤パプリカは1cm角に切る。むきえびは酒をもみ込む。
2 炊飯器の内釜に洗った米、分量の目盛りより少なめの水を注ぎ入れる。A、1、バターを加え、早炊きモードで炊く（なければ普通モードで炊く）。
3 塩、こしょうで味をととのえる。

カロリー 454kcal　たんぱく質 15.3g　炭水化物 87.5g　保存期間 冷蔵 2~3日　保存期間 冷凍 1ヶ月

カロリー 949kcal　たんぱく質 43.3g　炭水化物 149.2g　保存期間 冷蔵 2日

ごま油と焼肉のタレで食が進む

# キンパ風まぜごはん

材料（1食分）

温かいごはん…340g
牛肉（食べやすい大きさに切る）…120g
焼肉のタレ…大さじ3
溶き卵…1個分
塩…少々
ほうれん草（冷凍）…40g
にんじん（せん切り）…15g
A 鶏がらスープの素・ごま油…各小さじ1
　白すりごま…小さじ2
のり…適量

作り方

1 耐熱ボウルに溶き卵、塩、砂糖を入れて混ぜ、ラップをかけ、電子レンジで40秒加熱する。一度取り出しかき混ぜたら、さらに20～30秒加熱する。
2 耐熱容器にほうれん草、にんじんを入れ、ラップをかけ、電子レンジで1分～1分20秒加熱する。Aを加えて混ぜ合わせる。
3 牛肉に焼肉のタレをもみ込み、フライパンで焼く。
4 温かいごはんに1、2、3を入れて混ぜ合わせる。
5 お弁当箱に4を詰め、ちぎったのりを散らす。

カロリー 567kcal　たんぱく質 15.3g　炭水化物 127.7g　保存期間 冷蔵 2～3日　保存期間 冷凍 1ヶ月

青じそで爽やか! こってりおかずに合わせて

# しそちりめん混ぜごはん

材料（1食分）

温かいごはん…340g
青じそ…4枚
ちりめんじゃこ…大さじ2
昆布茶…大さじ½
塩…少々

作り方

1 青じそは細切りにする。
2 温かいごはんに1、ちりめんじゃこ、昆布茶を入れて混ぜ合わせ、塩で味をととのえる。

おすすめ! メイン&サブおかず

かじきの甘酢→P69

しいたけのみそマヨ焼き→P94

お弁当は白いごはんだとお箸がすすまない…そんなときは、混ぜごはんで解決！ キンパ風なら焼肉のタレがなじんで食べやすく、栄養満点。おかずがこってりしているときはしそちりめんや鮭昆布を混ぜて、うな玉を食べればスタミナアップに！

和風にホッとする混ぜごはん

# 鮭昆布混ぜごはん

材料（1食分）

温かいごはん…340g
甘塩鮭…1切れ
塩昆布…6g

作り方

1 甘塩鮭は魚焼きグリルで焼き、皮、骨を取り除く。
2 温かいごはんに1、塩昆布を加えて混ぜ合わせる。

Point

甘塩鮭は、まとめて焼いてフレーク状にしておくと、混ぜごはんやおにぎりに便利。塩昆布で味つけいらずでおいしい。

カロリー 666kcal　たんぱく質 31.8g　炭水化物 128.5g　保存期間 冷蔵 2日　保存期間 冷凍 1ヶ月

甘いタレがごはんと卵にからんで絶品!

# うな玉混ぜごはん

材料（1食分）

温かいごはん…340g
うなぎの蒲焼き（市販）…50g
A 卵…1個
白だし・砂糖…各小さじ1
小ねぎ（小口切り）…大さじ1
しょうゆ…大さじ½

作り方

1 うなぎの蒲焼きは1cm幅に切る。
2 耐熱容器にAを入れ、ラップをかけ、電子レンジで50秒～1分加熱する。
3 温かいごはんに小ねぎ、1、2、しょうゆを入れ、うなぎを崩さないように混ぜ合わせる。

Point

ビタミンA、たんぱく質たっぷりのうなぎと炒り卵を混ぜ込んで、スタミナアップ！ ここぞという時の勝負飯に。

カロリー 772kcal　たんぱく質 27.3g　炭水化物 133.5g　保存期間 冷蔵 2日　保存期間 冷凍 2週間

カロリー 869kcal　たんぱく質 40.0g　炭水化物 144.9g　保存期間 冷蔵 3〜4日　保存期間 冷凍 1ヶ月

小松菜でカルシウムを補って!

## 小松菜牛丼弁当

材料（1食分）

牛バラ薄切り肉…140g
小松菜…60g
玉ねぎ…¼個
ごま油…小さじ1
A めんつゆ(3倍濃縮)・しょうゆ・酒…各大さじ1
　砂糖・すりおろししょうが…各小さじ1
ごはん・紅しょうが…各適量

作り方

1 牛肉は食べやすい大きさに切る。小松菜はざく切りにし、玉ねぎは薄切りにする。
2 フライパンにごま油を中火で熱し、玉ねぎを炒める。軽く色がついたら牛肉を加えて炒める。
3 2の牛肉の色が変わったら小松菜を加え、混ぜ合わせたAを加えて煮詰める。
4 お弁当箱にごはんを盛り、3をのせ、紅しょうがを添える。

カロリー 903kcal　たんぱく質 38.0g　炭水化物 139.5g　目玉焼きを除く 保存期間 冷蔵 4〜5日　目玉焼きを除く 保存期間 冷凍 1ヶ月

ひき肉と卵をからめてモリモリ食べられる!

## ガパオ弁当

材料（1食分）

鶏ひき肉…120g
玉ねぎ…¼個
ピーマン…1個
バジルの葉…適量
サラダ油…小さじ1
赤唐辛子(輪切り)…⅓本分
A ナンプラー・オイスターソース・砂糖・酒
　　…各小さじ1
　しょうゆ…小さじ½
ごはん…適量
目玉焼き…1個

作り方

1 玉ねぎはみじん切りにし、ピーマンは種とワタを取り除き、5〜6㎜角に切る。バジルの葉はざく切りにする。
2 フライパンにサラダ油を中火で熱し、赤唐辛子、玉ねぎ、ひき肉を炒める。玉ねぎがしんなりして、ひき肉の色が変わったら、ピーマンを加え、軽く炒める。
3 火を止めて、バジルの葉を加え、混ぜ合わせる。
4 お弁当箱にごはんを盛り、3、目玉焼きをのせ、飾り用のバジルの葉を添える。

ごはんにタレのしみ込んだ丼物が、疲れた体に食欲を湧き起こします。肉を使ったおかずなので、たんぱく質の補給もバッチリ。スープジャーやフルーツといっしょに持っていくと、野菜やビタミンをさらに補えておすすめです。

スパイシーな味わいで食欲全快!

## なすのキーマカレー丼

材料（1食分）

なす（乱切り）…1本分
豚ひき肉…100g
オリーブ油…小さじ2
A すりおろしにんにく・すりおろししょうが…各小さじ1
　玉ねぎ（粗みじん切り）…⅛個分
　にんじん（みじん切り）…20g
B カレールウ…20g
　ウスターソース…大さじ1
ごはん・パセリ・福神漬け…各適量

作り方

1 フライパンにオリーブ油を中火で熱し、なすを並べてこんがりと焼き、一度取り出す。
2 1のフライパンにAを入れて炒める。玉ねぎがしんなりとしたら、ひき肉を加えて炒める。
3 2のひき肉の色が変わり、ポロポロとしてきたら1を戻し入れ、Bを加えて混ぜ合わせ、軽く煮詰める。
4 お弁当箱にごはんを盛り、3をかけ、パセリを散らして福神漬けを添える。

カロリー 951 kcal　たんぱく質 29.7g　炭水化物 155.8g　保存期間 冷蔵 3～4日　保存期間 冷凍 1ヶ月

しっとりおいしい油揚げを入れて、ボリューム感アップ

## 鶏きつね丼

材料（1食分）

鶏もも肉…100g
油揚げ…½枚
玉ねぎ…¼個
A めんつゆ（3倍濃縮）…大さじ2
　みりん…大さじ1
　水…大さじ5
にら（ざく切り）…2本分
溶き卵…1～2個分
ごはん…適量
七味唐辛子…適宜

作り方

1 鶏肉は一口大に切り、油揚げは2㎝幅に切る。玉ねぎは薄切りにする。
2 フライパンにAを入れて中火にかけ、1を加えて煮る。玉ねぎがしんなりとして、鶏肉に火が通ったら、にらを加え、溶き卵を回しかけてとじる。
3 お弁当箱にごはんを盛り、2をのせ、お好みで七味唐辛子をかける。

カロリー 1077 kcal　たんぱく質 46.4g　炭水化物 151.1g　保存期間 冷蔵 2～3日　保存期間 冷凍 2週間

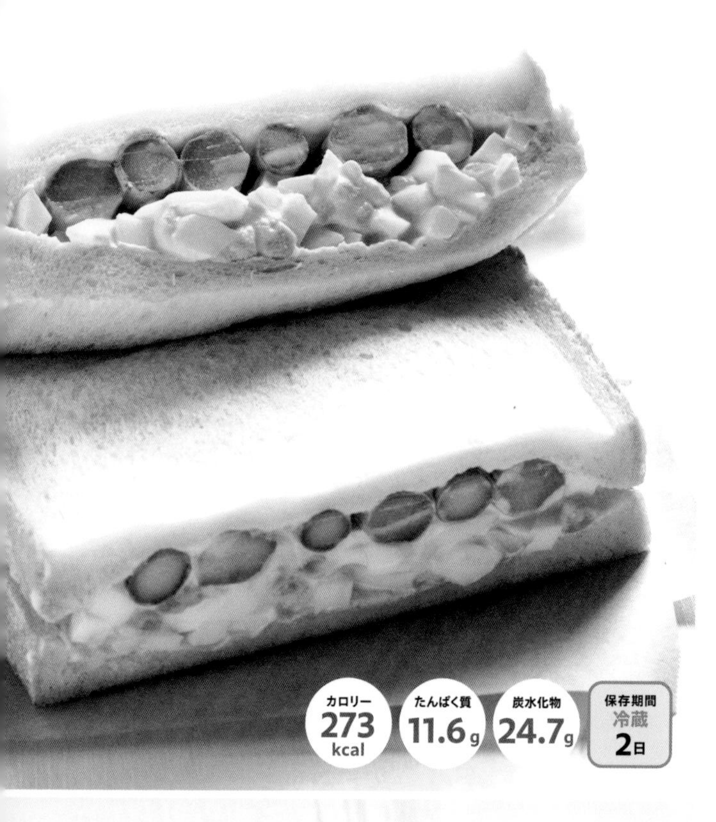

カロリー 273kcal　たんぱく質 11.6g　炭水化物 24.7g　保存期間 冷蔵 2日

やわらかいパンに、アスパラの歯応えが◎

## アスパラ卵サンド

材料（1～2食分）

サンドウィッチ用のパン（または8枚切り食パン）…2枚
グリーンアスパラガス…3～4本
ゆで卵…2個
マヨネーズ…大さじ1
バター…適量

作り方

1 アスパラガスは根元の固い部分とハカマを取り除き、塩ゆでする。殻をむいたゆで卵は刻み、マヨネーズを和える。
2 パンにバターをぬり、1をのせてもう一枚のパンで挟む。ラップで包み、落ち着いたら食べやすい大きさに切る。

**Point**

アスパラギン酸が豊富なアスパラガスと、たんぱく源の卵サラダを挟んだサンドイッチで、疲労回復効果もバッチリ。

カロリー 361kcal　たんぱく質 10.9g　炭水化物 41.5g　保存期間 冷蔵 2日

ハムカツは重ねて作る節約術!

## ハムカツサンド

材料（1～2食分）

サンドウィッチ用のパン（または8枚切り食パン）…2枚
ハム…3枚
水溶き小麦粉…小麦粉大さじ3＋水大さじ3
パン粉・揚げ油…適量
キャベツ（せん切り）…50g
マヨネーズ・バター・中濃ソース（またはとんかつソース）…各適量

作り方

1 ハムは3枚重ねて水溶き小麦粉、パン粉の順にまぶす。
2 フライパンに少なめの揚げ油を入れて180度に熱し、1を揚げ焼きにする。
3 パンにバターをぬり、キャベツ、マヨネーズ、2をのせ、ソースをかけてもう一枚のパンで挟む。ラップで包み、落ち着いたら食べやすい大きさに切る。

おすすめ！サブおかず

かぼちゃオムレツ→P73

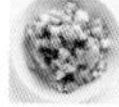
大豆ときゅうりのサラダ→P75

ラップに包んでいるから、手を汚さずに食べられるのも◎。サンドウィッチは、朝練のあとに食べたり、補食として食べたりするのにおすすめです。卵やハム、サラダチキンを挟めば、ボリューム感満点です。

彩りのきれいな紫キャベツのコールスローを挟んで

## サラダチキンと紫キャベツのコールスローサンド

材料（1～2食分）

サンドウィッチ用のパン（または8枚切り食パン）…2枚
鶏むね肉…¼枚
A 酒…小さじ1
　塩…小さじ⅓
　こしょう…少々
紫キャベツ（せん切り）…50g
塩…ひとつまみ
B コーン・マヨネーズ…各大さじ2
　レモン汁…小さじ2
塩・こしょう・バター…各適量

作り方

1 耐熱皿に鶏肉を入れ、Aをもみ込む。ラップをかけ、電子レンジで2分加熱する（または市販のサラダチキンを使う）。
2 紫キャベツは塩でもみ水けをしぼり、ボウルに入れる。Bを加えて混ぜ合わせ、塩、こしょうで味をととのえる。
3 パンにバターをぬり、2、ほぐした1をのせてもう一枚のパンで挟む。ラップで包み、落ち着いたら食べやすい大きさに切る。

カロリー 305kcal　たんぱく質 12.3g　炭水化物 28.4g　保存期間 冷蔵2日

サンドウィッチにはやっぱりシャキシャキレタス!

## ベーコン&レタス&目玉焼きサンド

材料（1～2食分）

サンドウィッチ用のパン（または8枚切り食パン）…2枚
ベーコン…2枚
卵…1個
レタス…1～2枚
マヨネーズ…適量
塩…少々

作り方

1 フライパンにベーコンを並べて焼き、その隣に卵を割り落として目玉焼きを作る。
2 パンにマヨネーズをぬり、レタス、1をのせて軽く塩をふり、もう一枚のパンで挟む。ラップで包み、落ち着いたら食べやすい大きさに切る。

Point

ベーコンと目玉焼きでたんぱく質をしっかり補給。フレッシュなレタスもたっぷり挟んでヘルシーな一品に。

カロリー 214kcal　たんぱく質 8.9g　炭水化物 23.6g　保存期間 冷蔵2日

カロリー 276kcal　たんぱく質 12.8g　炭水化物 30.2g　保存期間 冷蔵 1~2日

チリソースでピリ辛のエビマヨがおいしい!

## えびマヨ＆ブロッコリースプラウトサンド

材料（1～2食分）

サンドウィッチ用のパン（または8枚切り食パン）…2枚
むきえび…80g
酒…小さじ1
片栗粉…大さじ1
サラダ油…適量
A マヨネーズ・スイートチリソース…各小さじ2
　トマトケチャップ…小さじ1
B ブロッコリースーパースプラウト…30g
　塩・こしょう…各少々
　オリーブ油…小さじ½
バター…適量

作り方

1 むきえびは酒をもみ込み、片栗粉をまぶす。
2 フライパンにサラダ油を中火で熱し、1を焼く。中まで火が通ったらAを加えて和える。
3 ボウルにBを入れて混ぜ合わせる。
4 パンにバターをぬり、1、2をのせてもう一枚のパンで挟む。ラップで包み、落ち着いたら食べやすい大きさに切る。

カロリー 258kcal　たんぱく質 10.6g　炭水化物 33.7g　保存期間 冷蔵 3日

野菜をしっかり食べてる感が◎

## 肉きんぴらサンド

材料（1～2食分）

サンドウィッチ用のパン（または8枚切り食パン）…2枚
牛薄切り肉…50g
ごぼうとにんじんのカット野菜
　（きんぴらミックス／市販）…100g
ごま油…小さじ2
A 赤唐辛子（輪切り）…⅓本分
　しょうゆ…大さじ½
　酒・みりん・砂糖…各小さじ1
マヨネーズ・練りからし…各適量
グリーンリーフ…1枚

作り方

1 フライパンにごま油を中火で熱し、牛肉、ごぼうとにんじんのカット野菜を炒める。Aを加え、汁けがなくなるまで炒める。
2 パンにマヨネーズ、練りからしをぬり、グリーンリーフ、1をのせてもう一枚のパンで挟む。ラップで包み、落ち着いたら食べやすい大きさに切る。

えびマヨや肉きんぴらなど、しっかり味のおかずを挟めば、モリモリ食べられます。ツナポテトサンドは、じゃがいもで糖質をさらにプラスしているので、持久系のスポーツをしている子どもの運動前補食におすすめです。

ポテトサラダで腹持ちバッチリのボリュームサンド

## ツナポテトトマトサンド

材料（1～2食分）

サンドウィッチ用のパン（または8枚切り食パン）…2枚
じゃがいも…1個
A 顆粒ブイヨン…小さじ½
ツナオイル漬け缶…¼缶
マヨネーズ…大さじ2
塩・粗びき黒こしょう…各適量
バター…適量
トマト（1㎝幅の輪切り）…1枚
フリルレタス…1～2枚

作り方

1 じゃがいもは洗い、濡れたペーパータオルで包み、さらにラップをして、電子レンジで3～4分加熱する。やわらかくなったら皮をむいて粗くつぶし、熱いうちにAを加えて混ぜる。塩、こしょうで味をととのえる。
2 パンにバターをぬり、1、トマト、フリルレタスをのせてもう一枚のパンで挟む。ラップで包み、落ち着いたら食べやすい大きさに切る。

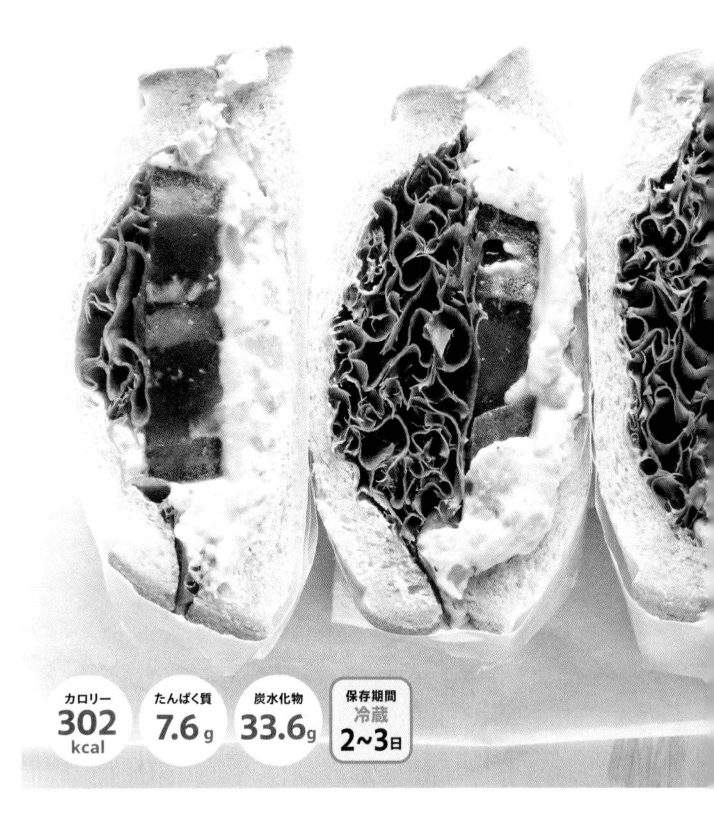

カロリー 302 kcal　たんぱく質 7.6g　炭水化物 33.6g　保存期間 冷蔵 2～3日

缶詰を使えば骨ごと食べられて、カルシウム満点！

## さんま卵サンド

材料（1～2食分）

サンドウィッチ用のパン（または8枚切り食パン）…2枚
溶き卵…2個分
さんまの蒲焼き缶…½缶（40g）
塩…ひとつまみ
サラダ油…適量
水菜（ざく切り）…30g
マヨネーズ…大さじ½

作り方

1 ボウルに溶き卵、さんまの蒲焼き缶の汁、塩を入れて混ぜ合わせる。
2 卵焼き用フライパンにサラダ油を中火で熱し、1を半量流し入れる。さんまの蒲焼きをのせ、端から巻き、残りの1を流し入れて焼いて巻く。
3 水菜とマヨネーズを混ぜ合わせてパンにしき、2をのせてもう一枚のパンで挟む。ラップで包み、落ち着いたら食べやすい大きさに切る。

Point

和風の卵焼きを挟んだ変わり種サンドウィッチ。魚の缶詰は、たんぱく質、カルシウムが手軽にとれるからおすすめ。

カロリー 271 kcal　たんぱく質 14.4g　炭水化物 26.2g　保存期間 冷蔵 2日

カロリー 561 kcal
たんぱく質 17.5g
炭水化物 63.4g
保存期間 冷蔵 2日

スープジャーに入れて温かいランチに

## クリームカレーつけうどん

材料（1～2食分）

ゆでうどん…1～2玉
豚バラ薄切り肉（3cm幅に切る）…100g
玉ねぎ（薄切り）…½個分
サラダ油…適量
A めんつゆ（3倍濃縮）…大さじ1
　水…200mℓ
さやいんげん（3cm長さに切る）…4～5本
牛乳…200mℓ
カレールウ…20g
水溶き片栗粉…片栗粉小さじ1＋水小さじ2

作り方

1 フライパンにサラダ油を中火で熱し、豚肉、玉ねぎを炒める。豚肉に火が通ったら、A、さやいんげんを加えて2分ほど煮る。
2 1に牛乳を加え、ひと煮立ちしたらカレールウを加え、水溶き片栗粉を加えてとろみをつける。
3 スープジャーに2を注ぎ入れ、蓋を閉める。
4 ゆでうどんをさっとゆでて水けをきり、お弁当箱に詰める。

みそバターのコクがたまらない！

## 鮭とキャベツのみそバター焼きうどん

材料（1～2食分）

ゆでうどん…2玉
甘塩鮭（切り身）…1切れ
キャベツ（ざく切り）…2枚分
長ねぎ（薄切り）…½本分
ごま油…小さじ2
酒…大さじ1
A みそ・めんつゆ（3倍濃縮）…各大さじ1
　バター…10g
粗びき黒こしょう…適量

作り方

1 甘塩鮭は2cm幅に切る。
2 フライパンにごま油を中火で熱し、1を焼く。上下を返し、3分ほど焼いたら、キャベツ、長ねぎを加えて炒める。ゆでうどんを加え、酒をふってほぐしたら、Aを加えて混ぜ合わせる。粗びき黒こしょうをふる。

カロリー 368 kcal
たんぱく質 18.5g
炭水化物 50.3g
保存期間 冷蔵 2日
保存期間 冷凍 2週間

毎日食べるお弁当は、主食もレパートリーを増やすとより楽しめます。麺でもしっかりと糖質はとれるので、豚肉や鮭、ツナ缶でたんぱく質を取り入れてバランスアップ。冷たい豆乳しゃぶつけうどん、サラダうどんは、暑い夏に体温を下げる役割も。

豆乳でさっぱりおいしい! 熱い夏にも◎

## 冷たい豆乳しゃぶつけうどん

カロリー 454kcal
たんぱく質 21.2g
炭水化物 49.9g
保存期間 冷蔵 1~2日

材料（1～2食分）

ゆでうどん…1～2玉
豚肉(しゃぶしゃぶ用)…120g
オクラ…2本
A 豆乳…200㎖
水…100㎖
めんつゆ(3倍濃縮)…大さじ3
白練りごま…大さじ1
ラー油…少々

作り方

1 ゆでうどんはさっとゆでてザルに上げ、水でしめる。
2 豚肉はゆでて水にとり、水けをきる。豚肉をゆでた湯で、板ずりしたオクラをゆで、輪切りにする。
3 お弁当箱に1、2を詰める。混ぜ合わせたAをスープジャーに注ぎ入れ、氷を入れて蓋を閉める。

たっぷりの野菜をツナマヨダレで

## サラダうどん

カロリー 348kcal
たんぱく質 13.5g
炭水化物 50.2g
保存期間 冷蔵 1~2日

材料（1～2食分）

ゆでうどん…2玉
きゅうり…½本
ミニトマト…2～3個
ゆで卵…1個
ツナオイル漬け缶…½缶
マヨネーズ…大さじ1
貝割れ菜…5g
めんつゆ(ストレート)…適量

作り方

1 ゆでうどんはさっとゆでてザルに上げ、水でしめる。
2 きゅうりはせん切り、ミニトマトは半分に切る。殻をむいたゆで卵は輪切りにする。ツナ缶とマヨネーズは混ぜ合わせる。
3 お弁当箱に1を詰め、2、貝割れ菜をのせる。スープジャーにめんつゆ、氷を入れ、蓋を閉める。食べるときにめんつゆをかけ、ほぐしながらいただく。

Point

暑い夏の日に食べたいサラダうどん弁当。ゆで卵とツナ缶でたんぱく質をしっかり補給。生野菜のシャキシャキ感も◎。

カロリー 430kcal たんぱく質 18.9g 炭水化物 62.9g 保存期間 冷蔵 2~3日 保存期間 冷凍 2週間

これをおかずにごはんもいける! 辛めがウマい!

## タッカルビ焼きそば

材料（1～2食分）

中華蒸し麺…2玉
鶏もも肉…120g
A コチュジャン…大さじ1
　酒・しょうゆ…各小さじ2
　砂糖・すりおろししょうが・すりおろしにんにく…各小さじ1
　鶏がらスープの素…小さじ½
　一味唐辛子…少々
サラダ油…大さじ½
玉ねぎ（薄切り）…¼個分
にんじん（短冊切り）…20g
キャベツ（ざく切り）…1～2枚分
塩・こしょう…各適量

作り方

1 鶏肉は2cm幅に切り、混ぜ合わせたAをもみ込む。
2 フライパンにサラダ油を中火で熱し、玉ねぎ、にんじんを炒める。しんなりしたら1を加え、さっと炒める。
3 2にキャベツをのせて蓋をし、蒸し焼きにする。鶏肉に火が通ったら中華蒸し麺を加えて混ぜ合わせ、塩、こしょうで味をととのえる。

カロリー 365kcal たんぱく質 23.8g 炭水化物 58.1g 保存期間 冷蔵 2~3日 保存期間 冷凍 2週間

レモンとシーフードのたまらない組み合わせ

## 塩レモンシーフード焼きそば

材料（1～2食分）

中華蒸し麺…2玉
シーフードミックス…150g
水菜…50g
もやし…100g
ごま油…小さじ2
A 鶏がらスープの素・レモン汁…各小さじ2
塩・粗びき黒こしょう…各適量

作り方

1 シーフードミックスは解凍し、水菜はざく切りにする。
2 フライパンにごま油を中火で熱し、シーフードミックスを炒める。もやし、水菜を加えてさっと炒めたら、中華蒸し麺、Aを加えて混ぜ合わせ、塩、粗びき黒こしょうで味をととのえる。

おすすめ! メイン&サブおかず

チヂミ風卵焼き→P74

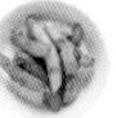

スナップえんどうの梅和え→P90

たっぷりの具材が入った焼きそばで、お箸がすすみます。タッカルビ焼きそばとレンジみそ焼きそばは味がしっかりしているので、持久系の部活なら焼きそばをおかずにしておにぎりをいっしょに食べても◎。

ナンプラーをふわっときかせて

## エスニック焼きそば

カロリー 462 kcal　たんぱく質 14.9g　炭水化物 62.8g　保存期間 冷蔵 3~4日　保存期間 冷凍 2週間

材料（1～2食分）

中華蒸し麺…2玉
豚バラ薄切り肉…80g
ピーマン・赤パプリカ…各1個
にら…30g
にんにく…⅓かけ
サラダ油…小さじ1
赤唐辛子(輪切り)…⅓本分
A ナンプラー…小さじ2
　鶏がらスープの素・オイスターソース・砂糖…各小さじ1
塩・こしょう…各適量

作り方

1 豚肉は食べやすい大きさに切る。ピーマン、赤パプリカは細切りにし、にらはざく切りにする。にんにくはすりおろし、またはみじん切りにする。
2 フライパンにサラダ油を中火で熱し、にんにく、赤唐辛子、豚肉を炒める。豚肉に火が通ったらピーマン、赤パプリカ、にらを加えて炒める。
3 2に中華蒸し麺、水少々（分量外)を加え、蓋をして1分ほど蒸し焼きにする。麺がほぐれたらAを加えて混ぜ合わせ、塩、こしょうで味をととのえる。

みそのしっかり味でおいしい! めんつゆが隠し味

## レンジみそ焼きそば

カロリー 521 kcal　たんぱく質 17.6g　炭水化物 60.7g　保存期間 冷蔵 3~4日　保存期間 冷凍 2週間

材料（1～2食分）

中華蒸し麺…2玉
豚バラ薄切り肉…120g
にら・にんじん…各40g
A みそ・めんつゆ(3倍濃縮)…各大さじ1
　すりおろししょうが・豆板醤…各小さじ1

作り方

1 豚肉は2～3cm長さに切る。にらはざく切りにし、にんじんは細切りにする。
2 大きめの耐熱ボウルに豚肉、混ぜ合わせたAを入れ、ラップをかけ、電子レンジで2分加熱する。一度取り出し、にら、にんじん、中華蒸し麺を加えて2分加熱し、混ぜ合わせる。

Point

全ての材料を耐熱ボウルに入れて、レンチンするだけでできちゃう、簡単弁当。スタミナがつく味つけで食欲もアップ!

なめらかなたらこソースで、お店のような味わい

## 梅たらこパスタ

材料（1食分）
スパゲッティ…120g
梅肉…1個分
たらこ…¼腹（大さじ2）
A バター…5g
めんつゆ（3倍濃縮）・マヨネーズ…各大さじ1
塩・こしょう…各適量
貝割れ菜…適量

作り方
1 スパゲッティは袋の表示通りにゆでる。
2 耐熱ボウルに梅肉、ほぐしたたらこ、Aを入れ、ラップをかけ、電子レンジで1分加熱する。
3 2に1を加えて混ぜ合わせ、塩、こしょうで味をととのえる。お弁当箱に詰め、貝割れ菜を散らす。

Point
梅肉が入ることでクエン酸を取り入れ、疲労回復に。たんぱく質たっぷりのメインおかずを添えると、栄養バランス◎。

貝割れ菜は除く
カロリー 598kcal　たんぱく質 24.1g　炭水化物 93.9g　保存期間 冷蔵 2～3日　保存期間 冷凍 2週間

塩昆布とツナで和風仕立てがおいしい!

## 塩昆布ツナパスタ

材料（1食分）
スパゲッティ…120g
ミニトマト…3～4個
青じそ…4枚
A 塩昆布…4g
ツナオイル漬け缶…½缶
ポン酢しょうゆ…大さじ1
塩・こしょう…各適量

作り方
1 スパゲッティは袋の表示通りにゆでる。
2 ミニトマトは半分に切り、青じそはちぎる。
3 ボウルにA、2を入れて混ぜ合わせ、1を加えてさらに混ぜ合わせる。塩、こしょうで味をととのえる。

おすすめ! メイン&サブおかず

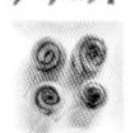
魚肉ソーセージと青じそのくるくる巻き →P71

黄パプリカのカレーソテー →P86

カロリー 557kcal　たんぱく質 24.6g　炭水化物 95.1g　保存期間 冷蔵 1～2日

見栄えもおしゃれなパスタ弁当。バテた身体には梅でさっぱりと、定番のナポリタンにはミートボールを入れてガッツリ弁当に。詰めるときにくるくると巻いて一口分にすれば、からまずに食べやすいので、時間に余裕があるときはひと手間かけてみて。

部活弁当にはゴロッとミートボールを入れて!

## ミートボールナポリタン

材料（1食分）

スパゲッティ（袋の表示通りにゆでる）…120g

A 合いびき肉…60g
　玉ねぎ(みじん切り)…1/8個分
　塩・こしょう…各少々
　パン粉…大さじ2

サラダ油…小さじ2

玉ねぎ（薄切り）…1/4個分

にんじん（短冊切り）…20g

ピーマン（細切り）…1個分

B トマトケチャップ…大さじ5
　中濃ソース…大さじ1

塩・こしょう…各適量

作り方

1 ボウルにAを入れてよくこね、一口大に丸める。

2 フッ素樹脂加工のフライパンを中火に熱し、2を転がしながら全体に焼き色をつけたら一度取り出す。

3 フライパンをさっと拭き、サラダ油を中火で熱し、玉ねぎ、にんじんを炒める。玉ねぎがしんなりしたら、ピーマンを加えてさっと炒める。2を戻し入れ、Bを加えてさっと混ぜ合わせる。

4 3にスパゲッティを加えて混ぜ合わせ、ソースが軽く煮詰まったら塩、こしょうで味をととのえる。

カロリー 818kcal　たんぱく質 30.0g　炭水化物 135.9g　保存期間 冷蔵 2~3日　保存期間 冷凍 1ヶ月

クリーミーなトマトソースが絶品!

## えびクリームパスタ

材料（1食分）

スパゲッティ…120g

むきえび(大)…120g

オリーブ油…小さじ2

玉ねぎ(薄切り)…1/4個分

A トマトジュース…100mℓ
　トマトケチャップ…大さじ1
　顆粒ブイヨン…小さじ1

生クリーム…100mℓ

塩・粗びき黒こしょう…各適量

イタリアンパセリ…適量

作り方

1 スパゲッティは袋の表示通りにゆでる。

2 むきえびは塩・こしょう各適量(分量外)をふる。

3 フライパンにオリーブ油を中火で熱し、2を焼く。玉ねぎを加えて炒め、しんなりしたらAを加え、2分ほど煮たら生クリームを加えて軽く煮詰める。

4 3に1を加えて混ぜ合わせ、塩、粗びき黒こしょうで味をととのえる。

5 お弁当箱に4を詰め、イタリアンパセリを添える。

カロリー 1059kcal　たんぱく質 42.8g　炭水化物 111.6g　保存期間 冷蔵 1~2日　保存期間 冷凍 2週間

Column

こまめにエネルギー補給することで、バテない身体づくりにもつながります。食事系からおやつ系まで、食べるのが楽しみになる補食レシピを紹介します。

手軽にエネルギー補給！

# 補食レシピ

パクッと食べて
エネルギー補給

## 小ぶりおにぎり

材料（1～2食分）

ごはん…適量
お好みの具（鮭フレーク・梅干し・ちりめんじゃこ・昆布など）…適量
焼きのり…適量

作り方

ラップに50～60gのごはんをおき、お好みの具を入れて包んでにぎり、焼きのりをつける。

1個分 鮭フレークの場合　カロリー 111 kcal　たんぱく質 3.0g

豆腐のパックを
使って作る！

カロリー 238 kcal　たんぱく質 8.0g

## 小ぶりおにぎらず

材料（1～2食分）

ごはん…160g
溶き卵…1個分
A 砂糖…大さじ½
　白だし…小さじ½
　塩…少々
　水…小さじ2
スパム…6～7㎜厚さ、4～5㎝四方を1枚
焼きのり…6～7㎝幅のもの2枚
塩…適量

作り方

1 ボウルに溶き卵、Aを入れて混ぜ合わせて卵焼きを作り、スパムと同じ大きさに切る。スパムはさっと焼く。
2 ミニ豆腐のパックなどにのり2枚を十字に入れて塩をふり、ごはん半量を詰める。1を順にのせ、残りのごはんを詰め、塩をふって焼きのりで包む。
3 パックから取り出し、食べやすい大きさに切る。

## カステラフレンチトースト

口のなかでとろける！
デザートにも

材料（1～2食分）

カステラ（市販）…2切れ
溶き卵…1個分
砂糖…小さじ½
牛乳…大さじ4
オリーブ油…小さじ2
バター…6g

作り方

1 カステラは2～3㎝角に切る。
2 ボウルに溶き卵、砂糖、牛乳を入れて混ぜ、1を浸す。
3 フライパンにオリーブ油を弱火に熱し、2を全面焼く。バターを加え、全体にからめる。

カロリー 271 kcal　たんぱく質 7.6g

# 焼きそばパン

育ちざかりにはやっぱり
炭水化物たっぷりが◎

材料（1〜2食分）

ドッグパン…2個
ウインナーソーセージ…2本
にんじん…15g
キャベツ…1枚
サラダ油・バター…各適量
中華蒸し麺…1玉
水…大さじ2
A とんかつソース…大さじ1
しょうゆ…小さじ1
塩・こしょう・青のり・
紅しょうが…各適量

作り方

1 ウインナーソーセージは斜め薄切りにし、にんじんは細切りにする。キャベツはざく切りにする。
2 フライパンにサラダ油を中火で熱し、1を炒める。中華蒸し麺、水を加えて蓋をし、蒸し焼きにする。麺がほぐれたらAを加え、塩、こしょうで味をととのえる。
3 ドックパンにバターをぬり、2を挟み、青のり、紅しょうがをのせる。

1個分 カロリー 344 kcal たんぱく質 9.3g

手を汚さずに
食べられるのも
うれしい！

1本分 ハム・スライスチーズの場合 カロリー 120 kcal たんぱく質 6.6g

# スティックサンドウィッチ

材料（1〜2食分）

サンドウィッチ用食パン…3枚
A ハム・スライスチーズ…各1枚
B いちごジャム…適量
C クリームチーズ…50g
レーズン…大さじ1
はちみつ…小さじ1

作り方

1 サンドウィッチ用のパンは手で押しつぶす（または麺棒を転がしてつぶす）。
2 1にA、B、Cのお好みの具をのせ、端から巻いてラップで包む。落ち着いたら食べやすい大きさに切る。

ハンバーグは
少し小さめに作ると◎

# ロールパンサンド

材料（1〜2食分）

ロールパン…2個
ハンバーグ（P30）…1個
かぼちゃとレーズンのサラダ（P31）…適量
バター…適量
グリーンリーフ・
トマトケチャップ…各適量

作り方

1 P30の和風チキンバーグの鶏ひき肉を、合いびき肉に変えたハンバーグを使用する。
2 ロールパンに切り込みを入れてバターをぬり、かぼちゃとレーズンのサラダを挟む。もう一つはグリーンリーフ、1を挟み、トマトケチャップをかける。

1個分 ハンバーグの場合 カロリー 178 kcal たんぱく質 8.6g

**Q&A**

**補食におにぎりを持たせていますが、重い気がすると言われてしまいました。その場合、どんな補食がおすすめですか？**

りんごやキウイフルーツなど、さっぱりとしたフルーツや、スティックサンドイッチ（P119）を一口サイズに小さくして持っていけば、食べられる量を調整できるのでおすすめです。個装されたナッツやチーズも◎。

小腹がすいたときは甘い蒸しパンを！

# レンジで卵蒸しパン

材料（6個分）

ホットケーキミックス…150g
卵…1個
牛乳…大さじ6
サラダ油・砂糖…各大さじ2

作り方

1 ボウルに材料をすべて入れて混ぜる。
2 ココットなどにグラシンカップをしき、1を流し入れる。
3 電子レンジに2を2個ずつ入れてラップはかけずに、1分50秒～2分加熱する。ココットから外し、冷ます。

1個分　カロリー 158 kcal　たんぱく質 3.5g

1個分　カロリー 205 kcal　たんぱく質 5.9g

オートミールでこんなにおいしいおはぎができる！

# オートミールおはぎ

材料（1～2食分）

A オートミール…50g
　水…150㎖
　片栗粉…小さじ2
あんこ（市販）…90g

作り方

1 耐熱容器にAを入れてさっと混ぜ合わせてラップをかけ、電子レンジで2分加熱する。粗熱がとれたら3等分にしてラップで包み、成形する。
2 1のラップをはずし、あんこをのせる。

甘辛ダレをからめていももち風

# さつまいもお焼き

材料（1～2食分）

さつまいも…200g
バター…10g
砂糖…大さじ1
片栗粉…大さじ2
サラダ油…小さじ1
A みりん…大さじ1
　しょうゆ・酒…各小さじ2
　砂糖…小さじ1
　水…大さじ2

作り方

1 さつまいもは皮をむき、2㎝厚さに切り、水にさらす。鍋に入れ、ひたひたの水でゆで、やわらかくなったら水分を飛ばしてつぶす。
2 1が熱いうちにバターを加えて混ぜ、砂糖、片栗粉を加えて混ぜ、6～8等分にして形をととのえる。
3 フライパンにサラダ油を中火で熱し、2を両面焼き、Aを加えてからめ、煮詰める。

1個分　カロリー 260 kcal　たんぱく質 1.5g

Q&A

**練習後にプロテインをいつも飲んでいますが、いっしょに摂取すると疲労回復に効果的なおすすめの補食はありますか？**

プロテインと合わせて補給したいのが糖質。消化吸収がよく、低脂質のものがおすすめです。おすすめなのは、おにぎりやバナナ、カステラや果汁100%のジュースです。コンビニでも手軽に買えるので、おぼえておきましょう。

## キウイとチーズのはちみつレモン和え

**キウイとチーズの おしゃれな組み合わせで**

材料（1～2食分）

キウイフルーツ…1個
カッテージチーズ…大さじ1
A レモン汁・はちみつ
　…各小さじ1

作り方

1 キウイフルーツは皮をむいて厚めの輪切りにし、半月切りにする。
2 ボウルに1、カッテージチーズ、Aを入れて和える。

カロリー 44 kcal　たんぱく質 1.3 g

## シリアルバー

**やさしい甘味で じんわり体にしみ渡る**

材料（15×20cmバット）

オートミール…50g
ミックスナッツ・
　ドライフルーツ…各50g
きび砂糖・はちみつ・豆乳
　…各大さじ2

⅛量分　カロリー 108 kcal　たんぱく質 2.7 g

作り方

1 ミックスナッツは粗く刻む。
2 フライパンを中火で熱し、オートミール、1を軽く色づくまで炒る。
3 別のフライパンにきび砂糖、はちみつを入れて中火にかけ、ふつふつして大きな泡になり茶色くなったら豆乳を加え、ゆすりながら軽く煮詰めて火を止める。1、ドライフルーツを加え、混ぜ合わせる。
4 クッキングシートをしいたバットに3を入れ、ヘラでしっかりと押しつける。冷蔵庫で1～2時間冷やし、食べやすい大きさに切る。

## 皮なし鶏ウインナー

**肉々しい感じが たまらない！**

材料（5本分）

鶏ひき肉…200g
A 玉ねぎ（すりおろし）
　…⅛個分
　塩…小さじ¼
　ドライパセリ…小さじ½
　こしょう…少々
オリーブ油…小さじ2
酒…大さじ1

作り方

1 ボウルにひき肉、Aを入れてよくこねる。5等分してラップに包み、棒状に形をととのえる。
2 フライパンにオリーブ油を中火で熱し、ラップから外した1を転がしながら全体を焼く。酒を加えて蓋をし、中火で蒸し焼きにして火を通す。

1本分　カロリー 89 kcal　たんぱく質 7.2 g

Column

スーパーやコンビニで買える補食も把握しておけば、時間がないときや、足りないときに自分で買うこともできるので、子どもといっしょにおぼえておくのがおすすめです。

# 市販のおすすめ補食

## オレンジジュース

エネルギーになる炭水化物、疲労回復に大切なクエン酸をいっしょにとれるので、運動前後どちらにもおすすめ。

## バナナ

消化がよく、エネルギー源になる糖質を多く含む。持ち運びがしやすく、手軽に食べられる。

## ゼリードリンク

ごはんやパンなどの固形物よりも吸収が早く、運動直前に効果的。特化した成分があるので、しっかり選んで。

## カステラ

糖質のほか、卵が使われているのでたんぱく質もとれる。洋菓子よりも脂質が程よく、補食としてバランスがよい。

## カロリーメイト

身体に必要な5大栄養素を補給できる。保存も安心なので、夕方の練習前後用に持って行っておくと◎。

## プロテインバー

練習後速やかにたんぱく質をとるひとつの方法として取り入れたい食品。

## 魚肉ソーセージ

たんぱく質を補えて、手を汚さず食べられるのもポイント。リーズナブルで重量感もあり、満足感を得られる。

## サラダチキン

しっとりジューシーで、たんぱく質の補給におすすめ。食べごたえもあるので、練習と夕飯のつなぎにも。

## ギリシャヨーグルト

たんぱく質が多く含まれ、低脂質なので、筋力アップにおすすめ。水分が少なく食べごたえがあるのもうれしい。

# Part5

-----

# 中高生の<br>目的別部活弁当

パフォーマンスを上げていくために、
試合前、試合当日、試合後や、けがをしたとき、
貧血気味のとき、増量・減量したいときなど、
目的に合わせた食事のポイントとお弁当例をご紹介します。

# スポーツ栄養&部活弁当Q&A

## Q 娘が少食で食べられないのですが必要な量を食べられるようになる方法は?

A 食事時間を一定にすると、食事時間にあわせて消化液が産生されるようになるので、より多く食べられます。また、最初は一口でも多く食べて、食べ慣れてきたらもう一口増やす、というように少しずつ食べる量を増やしましょう。また、見た目も大切で、大盛りごはんよりは小盛りごはんを数回食べる方が「食べられた」「あと少しで食べきれる」とスモールステップで考えられるので、食べきりやすい場合もあります。3食以外にも補食を活用して、必要なエネルギー、栄養素を補います。補食にはちいさく握ったおにぎり(具は唐揚げ、天ぷらなど、脂質からもエネルギーを得られるもの)や、おいなりさんなど、小量でもエネルギーを得られるものがおすすめです。

## Q 娘が疲労骨折してしまいました。どんな食事を心がけたらいいですか?

A 疲労骨折の原因はさまざまですが、原因のひとつにエネルギー不足が考えられます。エネルギー不足はエネルギー消費量に見合ったエネルギー摂取量(食事量)が長期間とれないことで、無月経になったり、安静時代謝が低下したりする状態です。その状態が長く続くことで、骨がもろくなり、疲労骨折を起こしやすくなります。ですので、まずはエネルギーを十分に補給することをこころがけましょう。特に故障していて運動量が減っているからと、ごはん、パン、麺、いもなどに含まれる炭水化物を減らす選手が多く見られますが、エネルギー源となる炭水化物は十分に摂取します。

## Q 試合前に体調不良を起こしたくなのですが栄養面でカバーできることはありますか?

A 試合などのようないつもと違う環境、状況のときは、緊張によって消化吸収能力が落ちたり、免疫機能も落ちたりします。食品の衛生管理に気をつけ、消化のよいものを摂取するようにしましょう。抗酸化作用や粘膜の形成に役立つビタミンA、E、Cを意識して摂取するとよいでしょう。かぼちゃ、ほうれん草などの葉物野菜などやわらかく加熱した緑黄色野菜や、トマト煮のような煮込み料理がおすすめです。ビタミンCは水溶性のため、摂取するなら新鮮な果物や生野菜がおすすめです。衛生管理のためにも包丁やまな板を使わなくても食べられる、みかんやいちごなどからビタミンCを補給するのもいいでしょう。

## Q 身長が一気に伸びたのですが体重が増えないときは何を食べさせたらいい?

A 体重を増やすためには、摂取エネルギーが消費エネルギーよりも多くなることが必要です。まずは3食を定期的に、食品の偏りなく食べること、そして毎食、エネルギー源になる炭水化物、脂質、体をつくるためのたんぱく質、体の調子をととのえるビタミン、ミネラルをとれるようなバランスのとれた食事を心がけます。特に朝食やオフ日の食事は少なくなりがちですので、意識してとるとよいでしょう。主食をごはんだけでなく、おかずもとれる丼ものやチャーハン、ピラフなどにしてエネルギー摂取量を多くしたり、具だくさんの麺類など、食べやすいメニューにすることもおすすめです。

スポーツの部活をしているお子さんを持つ親御さんから、よく質問をいただく栄養と食事の素朴な疑問をまとめました。
次のページから、具体的な目的別の栄養と食事、おすすめのお弁当をご紹介していますので、参考にしてみてください。

## Q オフ期になると体重が増加。体重維持するために必要なことは？

A 体重の増加は、エネルギー摂取量がエネルギー消費量より多い場合に起こります。体重が増加したからといって、極端にエネルギー摂取量を減らしたり、欠食したりすると筋肉が減少してしまいます。3食は定期的に食べ、食事の内容を見直していきます。揚げ物や、炒め物などよりは、蒸し料理、しゃぶしゃぶや鍋などのゆでる・煮る料理といった油の摂取の少ない調理法、肉ならバラ肉や鶏皮などは避け、むね肉やささみなど脂質の少ない部位を選んでいきます。また、体重を毎日測定し、気がつかないうちに、大幅に体重が増えていたということのないように、チェックすることが大切です。

## Q 寮で同じ食事をしているのに息子だけ貧血気味。どんなことに気をつける？

A 貧血の原因も様々ですが、主として、エネルギー不足と鉄欠乏が考えられます。寮の食事で主食（ごはん）の量を調整できる場合は、主食量を増やしてエネルギーを補いましょう。1回でたくさんの量がとれない場合、エネルギー源になる炭水化物の補給を目的に、おにぎりやパン、バナナなどの補食を用意したり、パンにバターを塗る、サラダにオイル入りのドレッシングを使うなど、油も上手に取り入れていきます。鉄はあさりの佃煮や豆乳、納豆などの鉄の多い食品を食事にプラスするといいでしょう。

## Q たんぱく質はプロテインから摂取していれば、食事は少なくてもいい？

A プロテインとは英語で「たんぱく質」の意味です。食事では主に主菜になるもの（肉、魚、卵、大豆製品、乳製品）から摂取でき、毎食、これらの食材のある食事をとっていれば、通常、増量期であっても不足することは考えにくいです。ですので、きちんとした食事をとれる状況であれば、プロテインは必要ありません。まずは食事をとり、食事でまかないきれない場合（合宿や、遠征、試合時などいつもと違う食環境で、満足な食事が摂取できないとき）にはプロテインの活用もよいでしょう。

## Q 夜遅くに帰ってくるのですが何を食べさせたらいいですか？

A 大量の食事を睡眠直前にとると睡眠の質に影響しますし、起床時に胃もたれや消化不良がおきて、朝食で食欲がないといった悪循環が起こります。できれば、夕食を分食（食事を2回に分けて摂取）し、昼食と夕食の間で補食・軽食をとってエネルギー補給、帰宅後の食事では、補食でとりきれなかったエネルギー、栄養素を補うようにします。例えば補食で主食（炭水化物）を中心に摂取したら、帰宅後は主菜（たんぱく質を補給できるおかず）や副菜をとるという方法です。消化は、脂質の少ないもの、温かいもの、やわらかいもの、小さいものの方がよいので、帰宅後は煮込み料理や鍋、鶏むねひき肉を使った料理がおすすめです。

# 試合前日のお弁当

試合前に緊張しているときは、消化不良や食事が喉を通らない…なんていう問題が発生することも。
しっかりとごはんが食べられるように、そして消化の負担にならないおかずを詰めてあげましょう。

## 炭水化物を十分に。エネルギーに変えるためのビタミンB1、B2を摂取

試合にむけ、エネルギーアップのためにごはんやパン、パスタやうどんなどの炭水化物を十分にとることがポイント。穀類の炭水化物だけでなく、じゃがいも、さつまいもなどのいも類もおかずとして加えるとよいでしょう。炭水化物がエネルギーに変わるときに必要なビタミンB1やB2も不足しないように注意しなければなりません。ビタミンB1は豚肉や豆類、絹さや、かぼちゃなどに、ビタミンB2はレバー、卵、ほうれん草やブロッコリー、かぼちゃなどに多く含まれています。試合前で緊張し、消化不良を起こしやすいため、消化に時間のかかる油ものは控え、焼き物や、煮物中心にしましょう。

### Point 1

**炭水化物を多く摂取できる工夫を**

もち米を使うおこわや具だくさんでたくさん食べられる炊き込みごはんなど、エネルギーアップのために炭水化物を多く摂取できる工夫をしましょう。しょうがなど、香味野菜を使うのも食欲アップのためにおすすめです。

### Point 2

**柑橘類を取り入れて食欲増進！**

ビタミンCやクエン酸が含まれているレモン、オレンジなどの柑橘類は、試合にむけた緊張感の中で食欲を増進させ、エネルギー、栄養素の補給を助けてくれるのでおすすめ。レモンはおかずの味つけに利用するのも◎。

### Point 3

**たんぱく質とビタミン類も補給**

試合前だからといって、炭水化物だけをとっていればいいわけではありません。良質なたんぱく質、ビタミン類を補給するためにも、低脂肪で高たんぱくな肉類や魚介類、βーカロテンが豊富な緑黄色野菜を活用しましょう。

# 鶏としょうがのおこわ弁当

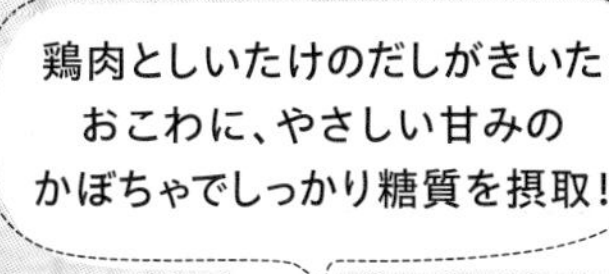

主食

## 鶏としょうがのおこわ

材料（2食分）

もち米…2合
鶏もも肉…½枚
にんじん…50g
しょうが…1かけ
干ししいたけ…2枚
ごま油…小さじ1
A しょうゆ・酒…各大さじ2
　砂糖…大さじ1

作り方

1 鶏肉は皮を取り除いて1cm角に切る。にんじん、しょうがは細切りにし、干ししいたけは水で戻し、細切りにする。戻し汁はとっておく。
2 フライパンにごま油を中火で熱し、にんじん、しょうが、干ししいたけを炒め、Aを加えてさっと煮る。
3 炊飯器の内釜に洗ったもち米、1の戻し汁、2の煮汁を入れ、おこわ（またはもち米）の分量の目盛りまで水を注ぎ入れる。
4 3に2を加え、おこわモードで炊く。

メインのおかず

## えびのピカタ

材料（1～2食分）

えび…4尾
塩・こしょう…各少々
小麦粉・サラダ油…各適量
溶き卵…1個分

作り方

1 えびは殻をむき、背に切り込みを入れて背ワタを取る。切り込みを深くして開き、水洗いをして水けを拭き取る。塩、こしょうをふり、小麦粉をまぶす。
2 フライパンにサラダ油を中火で熱し、1を溶き卵にくぐらせて入れ、両面を焼く。溶き卵に再度くぐらせて焼くを繰り返し、ふっくらと火を通す。

サブのおかず

## 絹さやのごま和え

材料（1～2食分）

絹さや…10枚
めんつゆ（3倍濃縮）・砂糖…各小さじ1
白すりごま…小さじ2

作り方

1 絹さやは筋を取り除き、水でさっと洗う。
2 耐熱容器に1、めんつゆを入れてラップをかけ、電子レンジで50秒～1分加熱する。
3 2に砂糖、白すりごまを加え、混ぜ合わせる。

サブのおかず

## かぼちゃのはちみつレモン煮

材料（1～2食分）

かぼちゃ（一口大に切る）…100g
A はちみつ…大さじ1
　レモン汁…小さじ1
　塩…ひとつまみ
　水…大さじ2

作り方

耐熱容器にかぼちゃ、Aを入れてラップをかけ、電子レンジで2～3分加熱する。

# 試合当日のお弁当

試合当日は、しっかりと炭水化物をとって、エネルギーアップを欠かさずに。
生ものを避けたり、衛生管理をいつも以上に気をつけて、万全の体調で試合に臨んでもらいましょう。

## 高炭水化物&ビタミン補給でコンディションをととのえて

試合当日にパフォーマンスが上がる食べ物があるなら知りたいもの。でも、トレーニングしてきた実力以上の力を試合で出せるような食べ物はありません。また、試合前になると風邪を引いたり、調子が悪くなったりして、なかなか万全の状態で試合に臨めない選手がいます。それは、試合前の緊張感が自覚している以上に、身体の免疫機能や消化吸収能力を低下させて、疲労回復を遅らせているためです。試合当日の食事の役割としては、まずコンディションをととのえることを考えましょう。そして、1番目に高炭水化物の食事、2番目にビタミンの補給を考えます。

### Point 1 高炭水化物でも食べやすい工夫を

高炭水化物の食事といえば、エネルギー源となるのはごはん、麺、もち、パンなどです。白飯が食べづらいときは、小さくにぎったおにぎりや、麺のお弁当、サンドイッチなどのパンのお弁当もおすすめです。

### Point 2 生ものを避け、衛生的に管理を

試合当日だからこそ、食中毒をおこさないように新鮮な食材を使い、調理の際の衛生管理や細菌を増やさないようにしましょう。特に、試合当日は、生ものは避け、衛生的にお弁当が管理できるような工夫も必要です。

### Point 3 腹痛の原因になる食材は避けて

試合当日は、緊張と興奮で腹痛や下痢などを起こしやすくなります。なるべく、牛乳やヨーグルトなどの乳製品や食物繊維の多いごぼう、さつまいもなどの根菜類、海藻類も腹痛の原因となりやすいので避けましょう。

# 鶏そぼろときつね焼きうどん弁当

主食

## 鶏そぼろときつね焼きうどん

材料（1食分）

ゆでうどん…2玉
鶏ひき肉…100g
長ねぎ…⅓本
油揚げ…½枚
にんじん…20g
A 白だし・しょうゆ・みりん
　…各大さじ1
　すりおろししょうが…小さじ1
　水…大さじ2
塩・こしょう…各少々

作り方

1 長ねぎは斜め薄切りにし、油揚げは1cm幅に切る。にんじんは薄切りにしていちょう切りにする。
2 フライパンにひき肉、Aを入れて中火にかけ、箸でかきまぜてそぼろ状にする。1を加えて混ぜ合わせる。
3 2の汁けが少なくなったら、ゆでうどんを加えて混ぜ合わせる。水分を飛ばし、塩、こしょうで味をととのえる。

サブのおかず

## 里いものみそ和え

材料（1～2食分）

里いも（冷凍）…3個
A みそ・めんつゆ（3倍濃縮）
　…各小さじ½
　砂糖…小さじ1
白いりごま…小さじ1

作り方

耐熱容器に里いもを入れてラップをかけ、電子レンジで2分加熱する。串が通る固さになったら、Aを加えて和え、白いりごまをまぶす。

サブのおかず

## のり巻き卵焼き

材料（1～2食分）

溶き卵…1個分
しょうゆ…小さじ½
焼きのり・サラダ油…各適量

作り方

1 ボウルに溶き卵、しょうゆを入れて混ぜ合わせる。
2 卵焼き用フライパンにサラダ油を中火で熱し、1を半量流し入れ、フライパンの大きさに切った焼きのりをのせ、端から巻く。残りの1を流し入れて同様に焼き、食べやすい大きさに切る。

サブのおかず

## 梅ちくわアスパラ

材料（1～2食分）

ちくわ…2本
グリーンアスパラガス
　…2本
水…大さじ1
梅干し…½個

作り方

1 アスパラガスは根元の固い部分とハカマを取り除く。耐熱容器に入れて水を加え、ラップをかけ、電子レンジで1分30秒加熱する。
2 ちくわの穴に種を取り除いてたたいた梅干しを入れ、1を通し、食べやすい大きさに切る。

# 試合の疲れをとる リカバリーお弁当

試合の直後は、普段の練習以上に体は疲れているもの。疲労回復によい食材や、
疲れて食欲のわかないときにでも食べられるものを。消化の良いものはもちろん、好物を入れてあげるのも◎

## 試合で使った エネルギーを すぐに補給して疲労回復

試合では、たくさんのエネルギーや栄養素、水分が失われます。さらに、緊張や興奮が高まることで、必要になるエネルギー量が増えてしまいます。まずは、試合で使ったエネルギーはすぐに補給して回復させましょう。エネルギー源となる炭水化物、炭水化物をエネルギーに変えるビタミンB1が必要です。主食のごはんやパン、麺、豚肉や豆類などの主菜でしっかり補給しましょう。基本的に、食事をとらずに疲労が回復することはありません。疲れて食欲がないときでも、しっかりとバランスのよい食事を食べてエネルギーを補うことが回復への第一歩です。

### Point 1 ビタミンB1補給に大豆製品を

ビタミンB1といえば、豚肉に目が行きがちですが、豆腐などの大豆製品にもビタミンB1が含まれます。やわらかいため、消化吸収されやすく、疲労回復時のエネルギー、栄養素の補給に適しているのでおすすめです。

### Point 2 リカバリーには白米がベスト

体づくりには玄米や雑穀米がいいと摂取しがちですが、リカバリーには、消化吸収の早い白飯を摂取します。次の練習、試合に向けてのコンディショニングのために緑黄色野菜からもビタミンをとりましょう。

### Point 3 好きなものを食べて疲労回復に

試合後は選手の好物や食べたいもの食べることも、精神的な疲労回復につながる食事の役割のひとつです。リラックスして食べられるときだからこそ、消化吸収がスムーズに行え、回復に役立ちます。

# 豆腐とにらの照り焼きハンバーグ弁当

メインのおかず

## 豆腐とにらの照り焼きハンバーグ

材料（1～2食分）

鶏ひき肉…100g
木綿豆腐…¼丁
にら（刻む）…20g
A 塩・こしょう…各適量
　パン粉…大さじ2
サラダ油…適量
水…100㎖
B しょうゆ・酒・みりん…各大さじ½
　砂糖…小さじ1
　水…大さじ1
　片栗粉…小さじ½

作り方

1 豆腐はペーパータオルで包み、重しをのせて水きりをする。
2 ボウルに1、ひき肉、にら、Aを入れて混ぜる。よくこねて形をととのえる。
3 フライパンにサラダ油を中火で熱し、2を並べて焼く。両面焼き色がついたら水を加え、蓋をして蒸し焼きにする。汁けがなくなってきたらBを加えて照り焼きにする。

サブのおかず

## ゆかり煮卵

材料（1～2食分）

ゆで卵…1個
A ゆかり・白だし…各小さじ1
　水…大さじ2

作り方

ポリ袋に殻をむいたゆで卵、Aを入れ、30分以上漬ける。

サブのおかず

## 大豆とこんにゃくの煮物

材料（1～2食分）

大豆（水煮）…50g
しめじ…50g
こんにゃく…¼枚
かつお節…2g
A しょうゆ・砂糖・酒・みりん
　…各大さじ½
　水…大さじ2

作り方

1 しめじは小房に分け、こんにゃくは小さめの角切りにする。
2 耐熱容器に水けをきった大豆、1、かつお節、Aを入れてラップをかけ、電子レンジで2～3分加熱する。

# けがをしたときのお弁当

気をつけていても、スポーツをしていたらけがはつきもの。時間が治すだけではなく、食事からとる栄養で、回復のスピードや質が変わってくるので、とても大切です。

## カルシウムと十分なエネルギーを摂取できるけがの回復を促す食事を

ひとつのけがが長引くことで、体力も技術も低下してしまうので、なるべく体調が変わらないまま、けがが回復することを優先した食事にします。骨折の場合は、特に時間がかかるので、毎日の食事が大切です。一般的に、骨を強くするためにはカルシウムが注目されていますが、多い食品としては、牛乳、乳製品、小魚、青菜類、豆、大豆製品などがあります。これらの食品を普段の食事やお弁当でも活用することが必要です。また骨をつくるためにもエネルギーが必要なため、運動ができないからといって、極端に摂取エネルギーを減らしてしまうのは、回復を遅くしてしまうので注意しましょう。

Point 1

### 牛乳・乳製品を積極的に

カルシウムは食品によって吸収率が異なります。例えば、野菜は19%、小魚は33%に対して、牛乳・乳製品は40%というように他の食品よりも吸収率が高いので、積極的に摂取することを心がけましょう。

Point 2

### 吸収を高める栄養素といっしょに

カルシウムだけでは、スムーズに体内に吸収されません。カルシウムの吸収を高めるたんぱく質、魚介類やきのこ類に多く含まれるビタミンD、海藻類に多く含まれるマグネシウムといっしょに摂取するのがベストです。

Point 3

### 加工食品と清涼飲料水は避けて

毎日カルシウムを意識して摂取したとしても、加工食品に使用される食品添加物や、清涼飲料水に多く含まれるリンは、カルシウムの吸収を低下させてしまうので、なるべく避けるようにしましょう。

# パプリカチンジャオロース風弁当

メインのおかず

## パプリカ チンジャオロース風

材料（1〜2食分）

牛もも薄切り肉…120g

A しょうゆ・酒…各小さじ1
　片栗粉…大さじ½

赤パプリカ・黄パプリカ…各¼個

サラダ油…適量

B オイスターソース・みりん
　…各大さじ1
　しょうゆ…小さじ½

作り方

1 牛肉は細切りにし、Aをもみ込む。

2 パプリカは細切りにする。

3 フライパンにサラダ油を中火で熱し、1を炒める。色が変わったら2を加えて炒め、Bを加えて炒め合わせる。

サブのおかず

## 小松菜のチーズ和え

材料（1〜2食分）

小松菜…100g

A めんつゆ（3倍濃縮）…小さじ1
　粉チーズ…大さじ½

作り方

小松菜は塩ゆでして水にとり、水けをしぼる。3〜4㎝長さに切り、Aで和える。

サブのおかず

## 甘辛大豆じゃこ

材料（1〜2食分）

大豆（缶）…60g

ちりめんじゃこ…10g

片栗粉…小さじ½

ごま油…小さじ2

A 酒・みりん
　…各大さじ1
　しょうゆ
　…小さじ½

作り方

フライパンにごま油を中火で熱し、大豆、ちりめんじゃこを炒める。片栗粉を加えて全体にまぶしたら、Aを加えて炒め合わせる。

サブのおかず

## かにかま卵焼き

材料（1〜2食分）

溶き卵…1個分

塩…少々

かに風味かまぼこ…4本

焼きのり・サラダ油…各適量

作り方

1 ボウルに溶き卵、塩を入れて混ぜ合わせる。

2 かに風味かまぼこは2本を向かい合わせて重ね並べ、焼きのりで巻く。

3 卵焼き用フライパンにサラダ油を中火で熱し、1を半量流し入れ、2をのせて端から巻く。残りの1を流し入れて焼き、落ち着いたら食べやすい大きさに切る。

# 貧血気味のときのお弁当

ハードな運動をしていると、男女ともに貧血気味になることがあります。
体調に合わせた練習をすることも大切ですが、食事から補うこともできるので、予防にもおすすめです。

## ヘモグロビンを作るたんぱく質と鉄を意識して

人の体は、それぞれの細胞に酸素が十分に行き届かなければ、身体を動かすためのエネルギーをつくり出すことができなくなり、運動を続けられなくなります。そこで活躍するのが、血液中のヘモグロビンというたんぱく質。ヘモグロビンは、筋肉を動かすときに酸素をそれぞれの細胞まで届ける運搬役として働きます。ヘモグロビンは、主にたんぱく質と鉄から作られますが、体の中で絶えず合成と分解を繰り返す、いわば消耗品です。激しい練習を繰り返していると、消耗量が激しすぎて、エネルギー、たんぱく質、鉄の補給が追いつかないため、貧血になってしまうのです。

Point 1

### 量と吸収率を高める食品を

鉄は、口に入れる量の約10％しか吸収されないので、食べる量と吸収率を高める食品との組み合わせを意識するとよいでしょう。鉄の補給でおすすめ食材は「レバー・あさり・青菜」です。上手に組み合わせましょう。

Point 2

### ビタミンCと一緒に摂取して

鉄は、ビタミンCと一緒にとると吸収率が上がります。レモンやオレンジ、グレープフルーツなどの柑橘系の果物を合わせたり、100％オレンジジュースなどといっしょに食事をするのがおすすめです。

Point 3

### ごはんのお供で鉄の吸収アップ

白飯だけだと食が進まない場合もあるので、ふりかけや梅干し、のりの佃煮などのごはんのお供をつけたり、味つけごはんにすると胃液の分泌を促し、消化吸収を促進するとともに、鉄の吸収も高めてくれます。

# レバーオイスター照り焼き弁当

メインのおかず

## レバーオイスター照り焼き

材料（1～2食分）

豚レバー…120g
牛乳…適量
塩・こしょう…各適量
小麦粉…小さじ2
サラダ油…適量
A オイスターソース・砂糖・酒
…各小さじ2
しょうゆ…小さじ½

作り方

1 レバーはそぎ切りにし、ひたひたの牛乳に浸し、臭みをとる。水洗いをして水けを拭いたら、塩、こしょうをふり、小麦粉をまぶす。
2 フライパンにサラダ油を中火で熱し、1を焼き、Aを加えて照り焼きにする。

サブのおかず

## 小松菜とさばのナムル

材料（1～2食分）

小松菜…100g
さば水煮缶…50g
A しょうゆ・すりおろししょうが・
ごま油…各小さじ2
しょうゆ…小さじ½

作り方

1 小松菜は塩ゆでして水にとり、水けをしぼる。3～4㎝長さに切る。
2 ボウルに1、汁けをきったさば水煮缶、Aを入れて和える。

サブのおかず

## ひじきとにんじんのナッツ和え

材料（1～2食分）

芽ひじき(乾燥)…5g
にんじん…20g
塩…少々
A めんつゆ(3倍濃縮)・
砂糖…各小さじ1
ミックスナッツ…20g

作り方

1 芽ひじきは水で戻し、水けをきる。にんじんはスライサーでせん切りにし、塩もみして水けをきる。
2 ボウルに1、Aを入れて混ぜ、刻んだミックスナッツを加えて混ぜる。

# 増量したいときのお弁当

増量をしたいときは、ただ炭水化物を多くとればいい…なんていうのは間違いです。
スポーツをより逞しく、軽やかに取り組めるように、栄養バランスや糖質の吸収を促す食材と組み合わせましょう。

## 炭水化物を増やして主菜、副菜もしっかり摂取

ただ体重を増やすだけでは、筋肉とともに脂肪も増えてしまいます。過剰な体脂肪の蓄積は体のキレを悪くしてしまうので、体脂肪を増やさずに筋肉を増やすようにしましょう。体重を増やすためには、1日に使われたエネルギーを補給し、さらに多くのエネルギーを補給しなければなりません。そのためにはまず、ごはんやめんなどの炭水化物を増やします。混ぜごはんなどの味つけごはんは、普段より、多くの量を食べることができますし、梅干しなど、漬け物や香辛料を使った料理は、ごはんが進むのでおすすめです。主食だけでなく、主菜、副菜も意識して食べましょう。

### Point 1

**ごはんは計量する習慣を**

たくさん食べることは、とても大変なことです。自分では分量を増やしているつもりでも、意外と食べられていないことがあります。ごはんをよそうときに、秤で計量する習慣をつけるのもいい方法です。

### Point 2

**たんぱく質の食材を2品以上**

体重を増やすためには、主食だけでなく、主菜、副菜も揃えて食べることが大切です。卵と鶏肉というように、主菜に使うたんぱく質源となる食材を2品以上用意すると、エネルギー摂取量が上がるのでおすすめです。

### Point 3

**野菜をたっぷり食べる工夫を**

野菜は塩もみをしたり、炒めたりすることで、生の野菜に比べてかさが減るので、食べやすく、たくさんの量を食べることができるようになります。スープや煮込み料理なども取り入れて、野菜をしっかり食べましょう。

# 鶏むね梅しょうゆスティック弁当

主食

## きのこそぼろ混ぜごはん

材料(1～2食分)

温かいごはん…340g
しめじ・まいたけ…各50g
鶏ひき肉…120g
すりおろししょうが…小さじ1
A しょうゆ・酒…各大さじ1
　砂糖…小さじ1
　塩…少々

作り方

1 しめじ、まいたけは小房に分ける。
2 フッ素樹脂加工のフライパンを中火で熱し、ひき肉、すりおろししょうがを炒める。ひき肉がポロポロしてきたら、1を加えて炒める。
3 2にAを加えて炒め合わせたら、温かいごはんに混ぜ合わせる。

メインのおかず

## 鶏むね梅しょうゆスティック

材料(1～2食分)

鶏むね肉…½枚
塩・こしょう…各少々
酒・片栗粉・サラダ油…各小さじ1
梅干し…1個
A 酒・みりん…各大さじ1
　しょうゆ…小さじ1
　砂糖…小さじ½

作り方

1 鶏肉は皮を取り除き、スティック状に切る。塩、こしょう、酒をもみ込み、片栗粉をまぶす。
2 フライパンにサラダ油を中火で熱し、1を転がしながら全体を焼く。種を取り除いてたたいた梅干し、Aを加えてからめる。

サブのおかず

## 紫キャベツと卵のサラダ

材料(1～2食分)

紫キャベツ…50g
塩…少々
ゆで卵…1個
ごま油…小さじ1
塩・こしょう…各適量

作り方

1 紫キャベツはせん切りにし、塩でもむ。殻をむいたゆで卵はくし形切りにする。
2 ボウルに1を入れて混ぜ合わせ、ごま油を加えて和え、塩、こしょうで味をととのえる。

サブのおかず

## オクラの煮浸し

材料(1～2食分)

オクラ…2本
A めんつゆ(3倍濃縮)…小さじ1
　水…大さじ1

作り方

1 オクラは板ずりしてさっとゆでる。
2 保存容器などにAを入れ、1を漬ける。

# 減量したいときのお弁当

減量をしたいときでも、練習は続くもの。食べずに減量は御法度です。
玄米やオレンジで、エネルギーになるものもしっかり取り入れて、減量をサポートしましょう。

## 無理のない、体調不良を起こさない減量計画を

減量を始める前に、自分の体について十分に理解するところから始めましょう。無理のない、体調不良を起こさない減量計画(減量期間と減少量)を立てることが大切です。短期間で減量するのではなく、選手の行う減量は、一般的なダイエットとは異なり、競技力を上げることが目的の減量になるため、筋肉は減らさずに、余分な脂肪だけを減らさなくてはなりません。まずは、普段食べているものを把握し、極端な食事制限や、偏った食事をするのではなく、主食、主菜、副菜、乳製品、果物を揃えた食事の中で、エネルギーを減らす工夫が必要です。

### Point 1 油の使用を控える調理法を

主菜の調理法を、揚げる、炒める、焼くという油を使用する調理法から、煮る、蒸す、ゆでるのような油の使用を控えられる調理にすることで、食べる量を減らさずに摂取エネルギーを調整することができます。

### Point 2 食物繊維の多い食品を効果的に

低エネルギー食材のきのこ、海藻、こんにゃく類を使うと、噛み応えがあるため満腹感が得られます。また、減量中は食事量が減ることで便秘になりやすいので、食物繊維の多い、これらの食材を積極的に摂取します。

### Point 3 主食を玄米や雑穀米に変えても

ごはんを玄米ごはんや雑穀米にすることで、食物繊維やビタミンB群など白米に少ない栄養素を摂取することができます。よく噛むことは消化吸収を促すことにもつながるので、主食を変えてみるのもいいでしょう。

メインのおかず

## サラダチキン

材料（1～2食分）

鶏むね肉…½枚
塩…小さじ⅓
こしょう…少々
酒…小さじ1
レタス（ちぎる）…1枚分
キャベツ（せん切り）…50g
赤パプリカ（細切り）…⅙個分
A みそ…小さじ2
しょうゆ・砂糖・酢・ごま油・
白いりごま…各小さじ1

作り方

1. 鶏肉は皮を取り除き、塩、こしょう、酒をもみこむ。
2. 耐熱容器に1を入れてラップをかけ、電子レンジで2分加熱し、上下を返してさらに1～2分加熱する。冷めたら薄切りにする。
3. お弁当箱にレタス、キャベツ、赤パプリカを詰め、2をのせる。
4. よく混ぜたAを別容器に入れ、食べるときに3にかける。

サブのおかず

## しらたき明太子

材料（1～2食分）

したらき（アク抜き済み）…100g
明太子…20g
めんつゆ（3倍濃縮）…小さじ1
塩・こしょう…各適量

作り方

1. フッ素樹脂加工のフライパンを中火で熱し、しらたきをキッチンバサミで切りながら入れて炒る。
2. 1にほぐした明太子を加え、さっと炒めたらめんつゆを加えて汁けを飛ばし、塩、こしょうで味をととのえる。

# さくいん

参考文献

・「日本人の食事摂取基準(2020版)」厚生労働省
・「日本食品成分表2020版(第八訂)」文部科学省
・「改訂版『身体活動のメッツ(METs)表』」国立健康・栄養研究所　2012
・「食べて強くなる献立とおかず」シダックス(株)総合研究所　主婦の友社　2004
・「小・中学生のスポーツ栄養ガイド」(財)日本スポーツ協会・樋口満　監　女子栄養大学出版部　2010
・「アスリートのための栄養・食事ガイド」(財)日本スポーツ協会スポーツ医・科学専門委員会　小林修平・樋口満　編著　第一出版　2007
・「子どものためのスポーツ食トレ」亀井明子著　少年写真新聞社　2020
・「理論と実践　スポーツ栄養学」鈴木志保子著　日本文芸社　2020
・「スポーツ栄養学ハンドブック」ダン・ベナードット著　寺田新訳　東京大学出版会　2021

栄養監修
## 田澤梓

管理栄養士・公認スポーツ栄養士。日本バレーボール協会ニュートリションメンバー。順天堂大学医学部附属順天堂医院女性アスリート外来を担当（非常勤）。日本健康医療専門学校非常勤講師、中央学院高校野球部管理栄養士。給食委託会社に13年間勤務し、社員食堂や高齢者福祉施設などで調理、献立作成、衛生管理などを行う。社内外の勉強会でスポーツ栄養について学び、公認スポーツ栄養士を取得。スポーツジム、順天堂大学長距離陸上部での食事相談業務、国立スポーツ科学センター非常勤専門職員を経て現在に至る。野球、競泳、ゴルフ、テニス、サッカー、陸上などの競技スポーツの栄養サポートやスポーツ愛好家への体づくりと食事についてのサポートに携わる。

レシピ作成・調理
## ほりえさちこ

料理家、栄養士。食育アドバイザー、ヨーグルトマイスター、乳酸菌マイスター取得。自らの育児経験を活かした栄養バランスのとれた簡単でおいしい料理を提案している。糖質オフや美肌レシピなども得意とするほか、食育やスポーツ栄養の講演も行うなど、食に関する活動にも力を入れており、多方面で活躍中。ナチュラルでかわいいアイデアあふれるレシピとスタイリングも人気。著書に『あと一品がすぐできる！おいしい副菜』（池田書店）、『おべんとうの教科書』（学研プラス）などがある。

**Staff**

| | | | |
|---|---|---|---|
| 撮影 | 安部まゆみ | イラスト | team oyuki |
| スタイリング | 深川あさり | 編集協力／執筆協力 | 丸山みき（SORA企画） |
| 調理アシスタント | いのうえ陽子 | 編集アシスタント | 樫村悠香、大西綾子 |
| デザイン | 矢﨑進　森尻夏実　多田菜穂子 | 編集担当 | 田丸智子（ナツメ出版企画） |

本書に関するお問い合わせは、書名・発行日・該当ページを明記の上、
下記のいずれかの方法にてお送りください。電話でのお問い合わせはお受けしておりません。
・ナツメ社webサイトの問い合わせフォーム
https://www.natsume.co.jp/contact
・FAX（03-3291-1305）
・郵送（下記、ナツメ出版企画株式会社宛て）
なお、回答までに日にちをいただく場合があります。正誤のお問い合わせ以外の
書籍内容に関する解説・個別の相談は行っておりません。あらかじめご了承ください。

**中高生アスリートを応援！パフォーマンスがアップする ラクうま部活弁当**

2023年3月7日　初版発行

栄養監修　**田澤梓**
著　者　**ほりえさちこ**
発行者　**田村正隆**



発行所　**株式会社ナツメ社**
東京都千代田区神田神保町1-52　ナツメ社ビル1F（〒101-0051）
電話　03-3291-1257（代表）　FAX　03-3291-5761
振替　00130-1-58661

制　作　**ナツメ出版企画株式会社**
東京都千代田区神田神保町1-52　ナツメ社ビル3F（〒101-0051）
電話　03-3295-3921（代表）

印刷所　**大日本印刷株式会社**

ISBN978-4-8163-7341-1

Printed in Japan